Ein Dutzend Dates

Die Autorin – Corinna Busch

In ihrem Buch »Ein Dutzend Dates« plaudert die ehemalige Redakteurin der Harald-Schmidt-Show und Adolf-Grimme-Preisträgerin in amüsanter Weise über die Dating-Erfahrungen als ›Best Ager‹-Single-Frau. Sie berichtet jedoch auch aus ihrem beruflichen Leben.

Jedem der zwölf Dates wird ein Kapitel gewidmet und Corinna Busch nutzt die Gelegenheit, einige Anekdoten aus ihrem Leben und Erfahrungen, die sie in den letzten 20 Jahren in der Zusammenarbeit mit Prominenten gemacht hat, in unterhaltsamer Weise einzuflechten. Da bleibt selten ein Auge trocken.

In ihrem nachdenklichen Resümee im zweiten Teil des Buches behandelt Corinna Busch mit Hilfe von verschiedenen Psychologinnen und Psychologen die Fragen, die sich ihr seit Jahren aufdrängen: Warum sind Dating-Portale heute so erfolgreich? Ist Online-Dating ein Tummelplatz für Narzissten? Können wir offline keinen Partner mehr finden? Wie ist es generell um die mentale Gesundheit der Bevölkerung bestellt? Ist die Generation der Kriegsenkel nicht beziehungsfähig?

In mehreren Gesprächen mit Psychologinnen und Psychologen, unter anderem mit Dr. Marie-France Hirigoyen und Prof. Dr. Franz Ruppert, kamen interessante Erkenntnisse zum Vorschein.

Der Versuch einer Annäherung.

CORINNA BUSCH

Ein Dutzend Dates

Online-Dating, männlicher Narzissmus
und andere Dramen

Ein Selbstversuch

Bibliografische Information der Deutschen Nationalbibliothek.
Die Deutsche Nationalbibliothek verzeichnet diese Publikation in der Deutschen Nationalbibliografie; detaillierte bibliografische Daten sind im Internet über http://dnb.dnb.de abrufbar.

© 2019 Corinna Busch
Covergrafik: newart-graphics/Shutterstock.com
Satz, Umschlaggestaltung, Herstellung und Verlag:
BoD – Books on Demand, Norderstedt
ISBN 978-3-7494-7320-5

Für Bernd und Johanna – somewhere over the rainbow

Vorwort

Da waren sie wieder, meine drei Probleme:

Mitte 40, Single und weit und breit kein Kerl in Sicht!

Aber wie und wo findet man die hellste Kerze auf der Partnerschaftstorte?

»Versuch doch mal Online-Dating«, meinte meine Freundin Susanne eines Abends. Mir fiel vor Schreck das Champagner-Glas aus der Hand. »Bist du irre«, erwiderte ich, »da sind doch nur schräge Typen unterwegs, das hast du doch selbst vor Jahren erfolglos versucht.«

»Ja«, meinte Susi treuherzig und rollte mit den Augen, »aber bei einer Blondine funktioniert das bestimmt besser. Du musst da strategisch rangehen.«

Ich verstand nicht wirklich, was Susi meinte, und war mir unsicher, ob das am Champagner oder an der geistigen Aufnahmefähigkeit einer Blondine lag. Doch nachdem ich eine kurze Zeit darüber nachgedacht hatte, gefiel mir die Idee immer besser. Ich meldete mich auf verschiedenen Online-Dating-Portalen an. Das Ziel: Zwölf Männer zu daten. Da müsste doch ein brauchbarer Kerzendocht dabei sein.

Der Clou: Ich sondierte die männlichen Herdentiere zunächst anhand ihrer Nicknames und Bilder. Könnte »Braune Socke 67« der Kerl fürs restliche Leben sein? Oder eher »Lust auf mehr«? Oder »Onkel ohne Dach«? Oder doch eher »deine Zahnfee«? Dann ließ ich einen Astrologen vorab auf die Kandidaten schauen und hörte mir seine Einschätzung an.

Warum einen Astrologen? Nun, wenn man wie ich in den letzten 20 Jahren mit vielen prominenten Menschen zusammengearbeitet hat, dann erlebt man eine Menge interessante, bisweilen bizarre Sachen.

Es gibt Menschen, die richten ihre Duschzeiten nach dem Stand der Sterne. Kein Witz. Anfangs stand ich dem Sternen-Gefasel sehr skeptisch gegenüber. Ich habe mich früher nie mit Astrologie beschäftigt und bin mir auch heute der Tatsache bewusst, dass Naturwissenschaftler und Astrologen keinen gemeinsamen Nenner finden. Dennoch bin ich mittlerweile und viele Erfahrungen später davon überzeugt, dass an der Astrologie teilweise doch mehr dran ist, als ich früher angenommen habe.

Schließlich traf ich die finalen zwölf Kandidaten real! Was mir dabei so alles passierte und ob der Traumprinz dabei war, das lesen Sie in diesem Buch.

Humor hilft heilen! Diese Ansicht, geprägt von Dr. Eckart von Hirschhausen, teile ich seit vielen Jahren.

Aus diesem Grund habe ich mich dazu entschieden, über meine Online-Dating-Erfahrungen, die ich im Laufe von mehr als drei Jahren gesammelt habe, mit dem mir eigenen Humor zu schreiben. Das fiel selbst mir als Frohnatur nicht immer leicht, denn meine Erlebnisse mit den Herren waren häufig nicht zum Lachen. Humor war für mich jedoch schon immer die beste Möglichkeit, die vielen Einschläge, die unser aller Leben mal mehr und mal weniger begleiten, zu verarbeiten.

Je umfangreicher meine Dating-Erfahrungen wurden, desto mehr kam ich mit dem Thema Narzissmus und vor allem männlicher Narzissmus in Berührung. Ich begann, mich intensiv mit den Themen Online-Dating, Narzissmus und mentale Gesundheit zu beschäftigen. Mit großem Interesse las ich intensiv Fachliteratur dazu und tauschte mich mit verschiedenen Psychologinnen und Psychologen zu diesen Themen und generell zum Thema mentale Gesundheit aus.

In meinem Resümee im letzten Teil des Buches berichte ich über meine Gespräche mit den psychologischen Expertinnen und Experten. Dabei möchte niemand recht haben noch belehrend wirken, das Resümee soll lediglich Denkanstöße liefern und zur Reflexion über das eigene Leben ermuntern.

Mit Psychologie beschäftige ich mich, nicht zuletzt aufgrund meiner eigenen Lebensgeschichte und mehreren Coaching-Ausbildungen, seit vielen Jahren. Zudem habe ich drei Jahre lang die Pressearbeit für eine Klinikgruppe in Deutschland betreut, die auf psychische und psychosomatische Erkrankungen spezialisiert ist.

Wir stehen vor sehr großen Herausforderungen in unserer in weiten Teilen traumatisierten Gesellschaft. Psychische Erkrankungen nehmen in einem erheblichen

Ausmaß zu. So entstand im Laufe der vergangenen Jahre ein neues Herzensprojekt von mir – zunächst nur als Idee. Bis jetzt. Zu meiner großen Freude ist die Idee nun Wirklichkeit geworden:

Auf der Website www.my-mentalhealth.com werde ich mich – unterstützt durch fachliche Experten und Prominente – für die Entstigmatisierung von psychischen Erkrankungen in unserer traumatisierten Gesellschaft einsetzen. Ich würde mich sehr freuen, wenn Sie, liebe Leserinnen und Leser, bei Gelegenheit dort vorbeischauen würden.

Und nun wünsche ich Ihnen gute Unterhaltung beim Lesen des Buches und vielleicht die ein oder andere Erkenntnis, gemäß dem Motto: Humor hilft heilen!

Ihre Corinna Busch

Online-Dating oder:
Sind Handtaschen die besseren Männer?

Zu Handtaschen haben wir Frauen ja eine ganz besondere Beziehung. Ähnlich wie zu Schuhen. Möglicherweise gibt es keine dauerhaftere emotionale Bindung einer Frau als die zu ihrer Handtasche – abgesehen von Kindern. Gewagte These, aber ich kenne Frauen in meinem Umfeld, die das sofort bestätigen würden.

Wie sagte bereits der Catwalk-Trainer Bruce Darnell vor Jahren:

»Die Handetasche muss läääben!«

Dass es IN der Handtasche einer Frau tatsächlich Leben geben kann, möchte ich an dieser Stelle nicht weiter vertiefen. Aber ja, ich lebe mit meiner Handtasche. Vielleicht lebt meine Handtasche auch mit mir, wer weiß das schon so genau.

Ich schleppe mindestens meinen halben Hausrat in meiner Handtasche mit mir herum – man möchte als Frau schließlich auch für die unvorhergesehenen Momente des Lebens gerüstet sein: Kosmetik, einen Satz frischer Unterwäsche (Tipp eines ehemaligen Profi-Fußball-Schiedsrichters), Ersatzschuhe, Bücher, Kopfschmerztabletten, Katzenfutter, Stoffmuster (die nächsten Kleider wollen designt werden), 1000 Visitenkarten (von Menschen, an die man sich sowieso nicht mehr erinnert), alte Flugtickets, Restaurantquittungen, Zeitungsfetzen mit Restaurant- oder Hoteltipps (im Flieger gelesen), Parfumpröbchen (stinken in der Regel wie die Pest), Lutschbonbonproben aus der Apotheke (für Notfälle, als Essensersatz) und so weiter ...

Immer wenn ich meine Handtasche aufräume (einmal im Jahr), sieht sie nach einem Tag exakt so aus wie vorher. Wie macht die das bloß?

Handtaschen vermehren sich im Leben einer Frau auf geradezu unheimliche Art und Weise. Sie kommen zu einem. Leise. Säuselnd.

Man steht in Geschäften vor Regalen und bewundert diese Prachtexemplare. Sie tragen Namen wie »bella donna« oder »principessa« und raunen einem zu: »Komm, du willst es doch auch. Nimm mich! Ich bin ein Schnäppchen! Ich bin der Traum deiner schlaflosen Nächte.«

So ähnlich ging es mir beim Online-Dating auch. Ich saß vor meinem Rechner und die angebotenen beziehungsweise sich anbietenden Männer trugen Namen. Sogenannte Profilnamen. Die Herren gaben sich in der Regel sehr volksnah. Sie nannten sich zum Beispiel »bereit für die Liebe« (wird mit 56 Jahren ja auch mal Zeit), »kein Dach über dem Kopf« (wahrscheinlich hat ihn seine Frau gerade hochkant zu Hause rausgeworfen), »Kabaman« (besucht jeden Sonntag seine Mutti und lobt ihren selbstgebackenen Kuchen) oder »Vokalakrobat« (spricht beim Sex ununterbrochen und liebt lange Schachtelsätze).

Ich war nun seit einiger Zeit Single und glaubte ehrlich gesagt nicht an Online-Dating. Offline lernte ich jedoch auch keine für mich brauchbaren Exemplare kennen.

Was taten Männer früher, wenn sie eine Frau verehrt und/oder geliebt haben? Viele herrliche, verrückte Dinge.

Sie warfen zum Beispiel Rosen aus Hubschraubern auf die Geliebte oder verzichteten auf ein Königreich. Oder sie schenkten fußballgroße Diamanten und ließen im Restaurant vorgewärmte Kissen auf den Stuhl der Angebeteten legen.

Was tun Männer heute? Sie schreiben WhatsApp-Nachrichten!

Kennen Sie Mitglieder der Generation WhatsApp? Das sind Menschen, die leben durch/mit elektronischen Medien. Die führen Beziehungen über WhatsApp, Tinder oder sonstige Online-Dienste. Das ist bequem, verhindert echte Nähe und ist – ups, soll vorkommen – auch easy zu multiplizieren.

Ich hatte vor einiger Zeit einen Mann kennengelernt. Es wurde, wie heute üblich, zunächst per WhatsApp hin und her geschrieben. Das erste Treffen fand Wochen später statt. Dabei stellte sich dann heraus, dass der Kandidat nicht, wie zuvor schriftlich beteuert, Single war, sondern nach wie vor mit seiner Frau zusammenlebte. Aber: Emotional sei er ja schon laaaaaange getrennt. Er warte nur auf den richtigen Zeitpunkt, um die Koffer zu packen.

Also, viele Ehefrauen und Lebensgefährtinnen wissen gar nicht, dass sie in Wahrheit Single sind. Seit Jahren!

Ich hatte leider an den Kandidaten ein wenig mein Herz verschenkt und auf einmal fand ich mich in der WhatsApp-Falle wieder. Der Mann war wahnsinnig beschäftigt und hatte – Überraschung – nur sehr wenig bis gar keine Zeit für ein Treffen. Aber er schickte fleißig WhatsApp-Nachrichten. Das war so schön einfach.

Als ich gesundheitlich schwer angeschlagen auf der

Nase lag – da wurde ich nicht besucht. Es wurden auch keine Blümchen oder Pralinen verschickt. Nein, man tat per WhatsApp seine Besorgnis kund. Und auf einmal verschwand der Kandidat sang- und klanglos aus meinem Leben, so, wie er gekommen war: per WhatsApp! Für ein persönliches Gespräch hatte er keine Zeit.

Sehr traurig, aber wahr: Ich kenne viele solcher Geschichten!

Wie stark müssen die Verkrustungen am männlichen präfrontalen Cortex sein, um sich so zu benehmen? Sich ›offline‹, im realen Leben, um eine Frau zu bemühen und zu werben, scheint leider komplett aus der Mode gekommen zu sein. Wo ist bitte die Ritterlichkeit geblieben?

Ich trommelte deshalb einige meiner Freundinnen (ja, auch Freunde) zusammen und wir beschlossen in einer mehrstündigen, höchst amüsanten konstituierenden Sitzung die Gründung der neuen AG:

»STIRB WhatsApp – WirWollenWiederKerleDieUnsInDenArmNehmenUndMitRosenBeschmeissen«.

Hier unsere TOP 5 der To-dos, die ab sofort VOR einem ersten Treffen von männlichen Kandidaten zu erledigen waren:

1. Vorlage der Scheidungsurkunde, im Original oder
2. Vorlage der notariell beurkundeten Trennungsvereinbarung bzw. Absichtserklärung.
3. Vorlage eines Zertifikats über die erfolgreiche Teilnahme an einem Knigge-Kurs zu den Themen Anstand, Umgangsformen und Benehmen.

4. Nennung von drei Bürgen. Diese werden vorab telefonisch über den Kandidaten interviewt, damit Frau einschätzen kann, mit welchen Ausfallerscheinungen unter Umständen zu rechnen ist.
5. Eine Tasche voller Geschenke – als Zeichen des guten Willens.

Da es also offline auch nicht gerade rosig mit den Kerlen lief – warum nicht tatsächlich einmal online mein Glück versuchen? Vielleicht hatte ich ja zu Unrecht Vorbehalte gegen die Partnerschaftssuche im Internet.

Nach dem Motto »Viel hilft viel« meldete ich mich in drei verschiedenen Online-Dating-Plattformen an. Ich lud jeweils zwei bis drei Fotos von mir hoch und fabrizierte halbwegs unterhaltsame Profiltexte über mich. Mein persönliches Motto war auf allen Plattformen dasselbe:

»Iss niemals gelben Schnee!«

Dann hieß es abwarten. Als ich nach zwei Tagen in meine Dating-Postfächer schaute, fiel ich vor Schreck vom Stuhl. Insgesamt über 300 Eingänge. Wie zum Teufel sollte ich die alle lesen? Und noch viel schlimmer: Ich konnte mich unmöglich mit allen treffen. Wonach um Himmels willen sollte ich die Herren sortieren?

Erst wollte ich 13 Männer daten, war mir aber hinsichtlich der Zahl nicht sicher. Ich fragte meinen Astrologen Merlin um Rat.

»13 Männer? Mhm, oder vielleicht zwölf? Schreib doch darüber.«

Er kicherte vor sich hin. Ich sah ihn von der Seite an und musste ebenfalls lachen.

»Stehen die Sterne günstig für ein Buch?«

Merlin nickte mit dem Kopf.

»Und schreib ein wenig über dein Leben, du hast ja wirklich mit einigen Prominenten schräge Geschichten erlebt.«

Auch wenn ich wirklich an Astrologie interessiert bin, richte ich mein tägliches Leben nicht danach aus. So weit geht meine astrologische Leidenschaft dann doch nicht. Aber ich bin zum Beispiel fest davon überzeugt, dass bestimmte Sternzeichen besonders gut oder nicht zueinander passen. Ich als Schützin zum Beispiel verstehe mich in der Regel mit Widder- und Löwe-Geborenen sehr gut. Ein flotter Fisch oder Steinbock geht auch. Da mein Mond in der Waage steht, passen Waage-Geborene auch ganz dufte zu mir. Schwierig für mich sind Stiere und Skorpione. Und auch mit der einen oder anderen Jungfrau tue ich mich eher schwer.

»O. k., dann lege ich los. Mit wie vielen soll ich mich denn nun treffen?«

Merlin streichelte seine nicht vorhandenen Kopfhaare und meinte:

»Zwölf ist eine gute Zahl – dadurch wird die Vielfalt der Schöpfung ausgedrückt. An der Zahl zwölf hängt ganz viel dran, das ist eine der magischsten Zahlen überhaupt die Vollkommenheit der Zwölf, zwölf Sternzeichen, zwölf Monate, zwölf Umkreisungen des Mondes um die Erde.«

Genau, warum nicht zwölf Kerle daten? Ein Dutzend Dates. Das war's! Merlin bot an, mir vor meinen zwölf Dates anhand der Profilbilder, Nicknames und Geburtstage der jeweiligen Kandidaten seine astrologische Einschätzung der Herren durchzugeben.

Ich hatte mir bereits drei verschiedene Treff-Kategorien überlegt: Frühstück-/Kaffee-Treff (für schwache Kandidaten), Lunch-Termin (für halbwegs interessante Männer) und Dinner-Date (für heiße Typen).

Ich ging die Nachrichten in einem ersten Durchgang nur nach den Profilbildern und Betreffzeilen durch und selektierte 100 mich optisch halbwegs ansprechende Kandidaten in einen Ordner. Einer schaffte es durch ein in der Betreffzeile mitgeschicktes Xing-Profil in die Vorauswahl. Dann begann ich zu lesen.

Es waren leider viele unglaublich nichtssagende E-Mails dabei. Bei den meisten ging es über ein »Hallo, blonde Frau, schönes Foto, na, wie geht's?« nicht hinaus. Ich fand das ziemlich ernüchternd.

Liebe Männer, habt ihr noch nie etwas über den berühmten »ersten Satz« gehört? Mhm? Bei einem Buch zum Beispiel kann der erste Satz kaufentscheidend sein. Wenn das nicht direkt fluppt, dann wird es schwierig – der geneigte Käufer bzw. die geneigte Käuferin in der Buchhandlung legt das Buch dann oft wieder weg. Aussortiert. Adios.

Ich habe über meinen ersten Satz in diesem Buch monatelang nachgedacht. Und dann, irgendwann, war er da. Ich finde es wichtig, wie man eine Konversation beginnt. Aber was ist ein guter erster Satz? Die Antwort ist erschreckend simpel: Der erste Satz sollte Lust auf den zweiten machen und den dritten.

Beim Online-Dating sollte der erste Satz mein Interesse an einer Person wecken, er sollte mir die Tür zu einem Menschen öffnen, den ich noch nicht kenne, und mich freundlich ins Entree hereinbitten. Ein erster Satz sollte mich zum Beispiel NICHT zum Austausch von Körperflüssigkeiten auffordern.

Hier meine TOP 3 der schlechtesten ersten Sätze, die ich las:

1. 0176 / 12 34 56 xxx
2. Hi Cora, stehst du auf 3? *(Meinte wahrscheinlich Dreier.)*
3. Regina, hast du WhatsApp?

Wenn das Profilbild also nicht ein absoluter optischer Leckerbissen war, dann drückte ich bei einem nichtssagenden ersten Satz auf die Löschtaste. Irgendwie musste ich ja weiterkommen. Dann antwortete ich den zwölf Finalisten und stellte ihnen eine persönliche Begegnung mit mir in Aussicht. Damit löste ich bei einigen der Kandidaten eine mir fast schon nicht mehr zu erklärende Freude aus. Die Not schien wirklich groß zu sein. Die lange Hin-und-her-Schreiberei begann.

Doch mit welchem der zwölf Herren sollte ich als Date starten? Ich schrieb jeden Nickname einfach auf jeweils einen Zettel, zerknüllte sie und warf alle in die Luft (das

könnte man jetzt sicherlich auch psychologisch tiefer analysieren, aber das lasse ich mal lieber). Dann zog ich den
ersten aus dem Zettelhaufen.

1. Date: Wilder Reiter

Auf dem Zettel stand:

Wilder Reiter (52 Jahre, Stier, Aszendent Waage)

Der Mann war mit 1,98 Meter Körpergröße wirklich kaum zu übersehen. Braune, kurz geschorene Haare, etwas längliches Gesicht mit freundlich dreinblickenden braunen Augen. Er hatte insgesamt etwas Massives in seiner Ausstrahlung, was nicht nur an seinem rundlichen Bauch lag, aber er wirkte durchaus sympathisch. Er war Verwaltungsangestellter bei einer öffentlichen Behörde im Finanzwesen.

Mein erster Dating-Kandidat legte vorab schriftlich seine Begeisterung für mich (woher die auch immer stammen mochte) umfassend dar. Hans schrieb sich die Seele aus dem Leib und sah einem Treffen mit mir mit geradezu enthusiastischer Vorfreude entgegen.

Ich musste unerwartet zu einer geschäftlichen Reise ins Ausland aufbrechen und Hans konnte meine Rückkehr kaum erwarten. Dabei hatte er offensichtlich sowohl meinen Blog als auch meine frankophile Ader entdeckt:

Corinna, ich bin ganz ›bouleversée‹ vor Begeisterung. Eine humorvolle, kreative, attraktive Frau (die Reihenfolge ist Absicht und nach Priorität), deren Wortschatz und Gefallen an unserer Sprache so schön ausstrahlt – wo gibt es das denn noch?

Habe gerade bei der Fluggesellschaft angerufen und den Piloten gebeten, auf deinem Rückflug etwas ›Gas zu geben‹. Also wundere dich nicht über die kürzere Flugzeit, und ich bereite deine Abholung vom Flughafen vor.

Sollten wir uns treffen, dann verspreche ich dir, dass mir das Restaurant samt Speisekarte völlig gleich ist. Bedeutsam wäre mir nur, dass du die heißen Schuhe trägst, die dein Füßchen bei deinem Konzert-Foto zieren. Ich wäre sprachlos, könnte auch nicht so viel von mir erzählen, würde dich mit Blicken auffressen und dich essen lassen.

Oder du lässt dich breitschlagen, mich bei einem Ausritt mit meinen Pferden zu begleiten. Ein erstes Treffen in Gummistiefeln, wäre das was? Das wird dann nur mit dem Restaurant schwieriger, weil ich für die Pferde extra Tische reservieren müsste.

Liebe Grüße Hans

Solche Nachrichten schrieb Hans mir jeden Tag. Manchmal schwang eine gewisse unfreiwillige Komik mit, die mich amüsierte.

Danke für deine lieben Erfolgswünsche, die ich gut gebrauchen kann. Die Pferde und die Hunde wühlen mir seit gestern die ganze Koppel um.

Ich habe mich gerade bei einer Online-Vegetariergruppe eingetragen und zum nächsten Essen angemeldet. Das meine ich mit weltoffener Neugier. Wusste gar nicht, dass man Pflanzen essen kann, und bin jetzt ganz gespannt auf eine neue Erfahrung und darauf, wie die Vegetarier einen passionierten Fleischesser in ihrer Mitte aufnehmen und wie weit die Toleranz so reicht ;-)))))

So, jetzt belasse ich es dabei, damit du in Ruhe frühstücken kannst. Ach ja, bitte wandere mir nicht ins Ausland aus, bevor wir uns getroffen haben. Je nach Ausgang des Treffens würde ich das unter Umständen sogar fördern ;-)))

Liebe Grüße Hans

Der letzte Satz dieser Nachricht rief eine kurze Irritation in mir hervor. Wie meinte er das? Wollte er mich für den Fall, dass er mich ätzend findet, ins Ausland verschiffen? Oder wollte er im Fall von spontan aufflammender Liebe mit mir ins Ausland auswandern?

Höchste Zeit, sofort meinen lieben Astrologenfreund Merlin nach meiner Rückkehr zu diesem ›Ich gehe zu Vegetariertreffen, obwohl ich Fleischfresser bin‹-Typen zu befragen.

Merlin lebt in seiner eigenen, astrologischen Welt. Schon rein optisch eine nicht zu übersehende Erscheinung von stattlicher und stolzer Natur. Glatze. Immer mit Hut und sehr ausgefallener Kleidung unterwegs.

Merlin gab die Geburtsdaten von Hans auf seinem Rechner in sein elektronisches, astrologisches Programm ein und starrte anschließend minutenlang auf das errechnete und aufgezeichnete Horoskop. Dabei machte er manchmal leichte Grunzgeräusche und riss die Augen weit auf. Ich habe bis heute nicht raus, was ihm in diesen ersten Minuten, wenn er das Horoskop eines Menschen zum ersten Mal sieht, durch den Kopf geht.

Er wackelte mit seinem ganzen Körper hin und her und strich sich immer wieder über den Schädel. Ob da Informationen des Universums einlaufen? Ich habe keinen Schimmer. Eines habe ich jedoch in den vielen Jahren unserer Freundschaft gelernt: Ich kenne niemanden, der Charaktere und Lebensläufe anhand eines Horoskops und anhand von Bildern so treffsicher beschreiben und analysieren kann. Geradezu unheimlich.

Dann kamen die Durchsagen von Merlin:

»Also, bei dem Sonnenstand ... der hat ein Problem. Wie soll ich das sagen, der verkalkuliert sich öfter in seinem Leben. Der Mann ist wirklich ein Unikum, der kommt überall durch. In einem Karl-May-Film wäre das derjenige, der die Schmetterlingsforschung betreibt. Während die Indianer schießen und die Cowboys kämpfen, ist der mit dem Netz unterwegs, um Schmetterlinge zu fangen, und wird auch nicht verwundet. Die Indianer lassen den herumlaufen und auch Winnetou ist sein Freund, denn er sorgt überall für Erheiterung. Aber im Grunde ist er eine Art tragische Figur mit einem eher geringen Selbstbewusstsein.«

Das passte ein wenig zu den vielen auch bei mir für Erheiterung sorgenden Nachrichten, die Hans mir schrieb.

»Er wäre der geborene Psychologie-Professor, weil er sich damit auch selbst gut therapieren könnte. Er hat auch ein starkes Interesse daran, zu begreifen, in welches Mühlenrad des Lebens er hineingeraten ist. Er hat drei Planeten im achten Haus, also in der Tiefenpsychologie – er ist quasi von Amts wegen dazu verdonnert, sich mit seiner Psyche zu beschäftigen.«

Ich erzählte Merlin, dass Hans in einem seiner Schreiben an mich ein früheres Burnout erwähnt hatte. Nach einer, wie er das nannte, »kleinen Maltherapie« sei er aber ohne nennenswerte neue Erkenntnisse wieder zur Tagesordnung übergegangen.

Merlin nickte mit dem Kopf.

»Er hat die Venus auf deinem Aszendenten, ich denke, er wird dich ziemlich flott finden.«

Merlin lachte.

»Ich wünsche dir viel Vergnügen und hoffe, es wird auch eins.«

Hans hatte als Treffpunkt eine Hotelbar vorgeschlagen, »weil deine Schuhe da so gut hinpassen«, wie er meinte. Der Kausalzusammenhang zwischen meinen Manolo-Blahnik-High-Heels und dieser Hotelbar erschloss sich mir nicht unmittelbar, aber Männer und High Heels sind eh eine eigene Geschichte. Lässt eine Frau zum Beispiel ein Halstuch fallen, steigt die Wahrscheinlichkeit, dass ein Mann das Tuch aufhebt, um fast 50 Prozent, wenn die Frau hohe Schuhe trägt. Ich wollte daher keine Spielverderberin sein und stimmte dem Vorschlag zu. Ein Schelm, der Böses dabei denkt, wenn ein Mann für ein erstes Treffen eine Hotelbar vorschlägt ... Aber Hans hatte durch seine unfreiwillige, drollige Komik mein Wohlwollen auf seiner Seite.
Für den Fall, dass wir uns nach dem Aperitif immer noch sympathisch sein sollten, wollte Hans bei einem Italiener unweit des Hotels einen Tisch reservieren.

Ich sprintete trotz Feierabendverkehr bei winterlichen Verhältnissen fast pünktlich in die Bar des Hotels und rannte in: Goliath! Der Mann war einfach unfassbar groß. Ich begrüßte zunächst seine Hemdtaschen und schaffte es nur mit gutem Zureden an meinen Bandscheibenvorfall am dritten Halswirbel, meinen Kopf nach oben zu recken.

Hans wirkte ein bisschen angespannt.

»Ich warte hier seit einer halben Stunde auf dich und habe das erste Glas Wein schon intus.«

Ich zuckte erschrocken zusammen.

»Habe ich mich in der Zeit vertan? Hatten wir nicht 19 Uhr gesagt? Du weißt ja, Termine und Uhrzeiten sind bei einer Blondine so eine Sache.«

Hans lachte.

»Nein, ich war nur so aufgeregt und wollte auf keinen Fall zu spät kommen. Hast du denn so viele Termine? Triffst du so viele Männer? Aber jetzt setz dich doch erst einmal. Die haben hier schon richtig adventlich geschmückt, ist das nicht nett?«

Ich wollte Hans nicht direkt von meinen multiplen Dating-Versuchen berichten und erklärte ihm daher zuerst einmal, wie stressig das Leben als Blondine ist.

»Hans, du hast ja keine Ahnung – woher auch, du bist ja braunhaarig –, was man als Blondine so alles an Terminen hat. Es ist bizarr. Der Tag einer Blondine ist gefüllt mit unzähligen Terminen. Ich habe manchmal wirklich Mühe, alles in 24 Stunden zu erledigen. Schlafen habe ich abgeschafft. Hans, selbst mein Auto hat Termine. Unfassbar.«

Hans schaute mich leicht irritiert an und rückte ein kleines bisschen mit seinem Stuhl zurück. Ich glaube, er fand mich etwas unheimlich.

»Ah ja, dein Auto hat Termine. Interessant. Welche denn? Fährst du viel mit dem Auto?«

»Ich fahre gerne mit meiner Karre. Also, wenn man mal fahren kann. Auf Deutschlands Straßen steht man ja regelmäßig gefühlte 5000 Kilometer im Stau. Weißt du, neulich, da suchte ein Radiosender ein anderes, neues Wort für ›Stau‹, um das Vorlesen der endlos dauernden Verkehrsnachrichten etwas abwechslungsreicher zu gestalten. Die Hörer sollten Vorschläge machen. Es kamen unter anderem Wortkreationen wie zum Beispiel ›Stoßstangen-Tango‹ oder ›Blechboxen-Schieben‹ dabei heraus.«

»Ach, das ist ja interessant.«

Der Kandidat hatte etwas Mühe, meinem Erzählschwall zu folgen.

»Weißt du, was mein Lieblings-Hörervorschlag als Alternative zum Wort ›Stau‹ war?«

Hans legte seine Stirn in einige zusätzliche Falten und schaute mich erwartungsvoll an.

»Was war dein Lieblingswort?«

»Zeit für mich! Ist das nicht GROSSARTIG?! Auf der A 59, Köln Richtung Oberhausen, 15 Kilometer ›Zeit für mich‹. Also ich sitze jetzt nur noch im Auto – weil ich da ENDLICH einmal Zeit für mich habe! Ein völlig neues Lebensgefühl.«

»Och, das muss ich auch einmal ausprobieren. Zeit für mich und die Hunde. Vielleicht rege ich mich dann weniger auf beim Autofahren.«

»Aber eigentlich ging es ja um die Termine, die mein Auto hat.«

»Stimmt, so hast du angefangen. Also, was hat dein Auto denn nun für Termine?«

»Im Juli, da rief mich auf einmal, bei 29 Grad, mein persönlicher Sachbearbeiter des Reifenservice an und meinte: ›Also, Frau Busch, SIE sind wirklich eine echte Blondine! Wir haben 29 Grad und Sie fahren immer noch mit Winterreifen herum. Sie kommen jetzt SOFORT in die Werkstatt.‹«

Hans fing schallend an zu lachen und verschluckte sich an seinem nächsten Schluck Wein.

»Ich bin damals direkt hektisch zum Auto gestürzt und habe die Reifen mit Eiswürfeln gekühlt. Dann fuhr ich in die Werkstatt. Vorgestern hatte ich einen Umschlag von ihm in meinem Briefkasten liegen. Darin lag ein Zettel und darauf stand nur ein EINZIGES Wort: ›Winterreifen!‹«

Hans bekam sich vor lauter Erheiterung nur schwer wieder ein. Das gab mir die Gelegenheit, Goliath etwas näher in Augenschein zu nehmen. Vor mir saß ein sympathisch wirkender Mann mit einer eher rustikalen Ausstrahlung. Sein Outfit war offensichtlich schon etwas älteren Datums und an den klobigen Schuhen klebten noch Reste von seiner Pferdekoppel.

Wir saßen in zwei kleinen Barsesseln und Hans hatte leichte Schwierigkeiten, seine langen Beine unter dem Glastisch zu sortieren. Bei jedem Versuch, die Beine übereinanderzuschlagen, hob er den Tisch zirka einen halben Meter mit dem Knie an. Er zuckte verlegen mit den Schultern.

»Das ist irgendwie ein bisschen eng hier«, murmelte er vor sich hin.

Ich konnte mir ein Lachen leider nicht verkneifen und zu meiner großen Erleichterung schloss sich Hans meiner heiteren Stimmung an. Die unfreiwillige Komik, die er in seinen schriftlichen Nachrichten verbreitete, setzte sich bei unserem persönlichen Kennenlernen fort. Der Mann war ein Unikum, Merlin hatte mit seiner Einschätzung richtiggelegen.

Hans hatte mir zwischenzeitlich ein Glas Champagner bestellt, mit dem ich ihm nun zuprostete. Goliath nahm sein Glas Wein in die Hand und ließ die halbe Bar seinen Trinkspruch mithören:

»Prost, Corinna. Nüchtern bin ich schüchtern, aber voll bin ich toll!«

Na, das waren ja glänzende Aussichten. Für mich stand bereits vor diesem Trinkspruch fest, dass Hans meinen weiteren Lebensweg leider nicht als Partner begleiten würde. Daher konnte ich über seine launigen und manchmal derben Sprüche lächeln.

Auf meine Nachfrage, wie lange er denn schon von seiner ehemaligen Partnerin getrennt sei, druckste er herum:

»Ja, also, ähm, ich bin noch nicht ausgezogen. Aber das werde ich jetzt bald tun.«

»Ach, das ist ja interessant. Weiß deine Frau denn überhaupt, dass du ausziehen möchtest?«

Ich lehnte mich in meinem Barsesselchen zurück und war gespannt wie ein Flitzebogen, was Hans mir als Antwort servieren würde.

»Also ahnen tut die das bestimmt. Aber wir haben das jetzt noch nicht so konkret besprochen. Wenn ich dir geschrieben hätte, dass ich noch verheiratet bin, dann hättest du dich niemals mit mir getroffen. Aber ich schwöre, ich hatte auch ein schlechtes Gewissen dabei.«

Hans saß ziemlich bedröppelt vor mir und bestellte ein weiteres Glas Wein.

»Deine Frau tut mir aufrichtig leid. Was bist du für ein fieser Sack.«

»Manchmal kann ich mich auch selbst nicht leiden. Aber ich begehre meine Frau nicht mehr. Die ist mir zu dick und zu alt, ich komme da nicht gegen an. Und beim Online-Dating sind so viele attraktive jüngere Frauen unterwegs, da hat man ja die totale Auswahl.«

»Hans, hast du dich mal im Spiegel betrachtet? Du bist dick und nicht mehr ganz taufrisch. Was erwartest du eigentlich? Offensichtlich brauchst du das für deine männliche Selbstbestätigung, und da bist du nach meinen Erfahrungen auch nicht der Einzige. Seid ihr Typen denn alle nur noch verwirrt?«

Hans sprach ohne jede Empathie über seine Frau und gestand mir, dass er multiples Online-Dating (er datete mehrere Frauen parallel) betrieb. Er fände darin endlich einmal Selbstbestätigung. Während er erzählte, versuchte ich, mir selbst gegenüber meine Empfindungen zu beschreiben.

Bedingt durch seine unfreiwillige Komik war man zunächst versucht, ihn sympathisch und amüsant zu finden. Dem entgegen stand jedoch das rücksichtslose Verhalten seiner Frau gegenüber, und sie war nicht die Einzige, die er betrog. Teile seiner Persönlichkeit wirkten auf mich behandlungsbedürftig. Er war stets auf der Suche nach Selbstbestätigung und dem nächsten sexuellen ›Kick‹.

Er zeigte mir tatsächlich einen Zettel, der einen Überblick über seinen derzeitigen ›Dating-Status‹ gab. Darauf standen die Namen von zehn Frauen mit dem jeweiligen Alter, Beruf, Familienstand und Entfernung zu seinem Wohnort. Mit allen schrieb er parallel und mit vielen von ihnen hatte er sich bereits getroffen – zum Teil inklusive Sexualität.

»Der Zettel ist wichtig, damit ich nicht durcheinanderkomme. Nicht dass ich Uschi zum Beispiel nach ihrer Tochter frage und dann hat die gar keine Kinder, sondern das ist Martina.«

Ich bedankte mich für die Einladung zum Aperitif und machte mich auf den Heimweg.

2. Date: BritPop

Das erste Date war ja bereits ganz dufte gelaufen. Im Grunde hatte ich schon jetzt keine Lust mehr. Und es standen noch elf Typen auf der Dating-Matte. Wie sollte ich das bloß überstehen, wenn die alle so daneben waren?

Aber ich beschloss, mich dieser besonderen Herausforderung in meinem Leben tapfer weiter zu stellen.

BritPop (48 Jahre, Widder, Aszendent Löwe)

Meine Einschätzung beim Blick auf sein Profilbild: Ein durchaus attraktiver Mann, der eine gewisse Ähnlichkeit mit Hugh Grant, dem britischen Schauspieler, hatte. Dunkelbraune, leicht gewellte Haare. Freundliches, offenes Lächeln. Auf dem Foto trug er ein gut geschnittenes Hemd und Jackett. Er wirkte insgesamt sehr ›akkurat‹ und dabei etwas verklemmt. Hohe Stirn, kluge Ausstrahlung.

Ich besuchte Merlin in seiner Astrologenhöhle und holte mir seine astrologische Einschätzung für meinen nächsten Dating-Kandidaten ab.

»Also, der ist vierfacher Widder und damit Widder ohne Ende. Ein Widder ist ja vergangenheitslos. Was eben war, ist jetzt schon wieder weg. Wenn dir zum Beispiel bei einer Verabschiedung jemand die Hand schüttelt und dich dabei nicht anschaut, dann ist der höchstwahrscheinlich Widder. Du bist dann für den schon weg.

Dein Kandidat hier widerspricht allen und allem und

sogar sich selbst. Und dadurch hat er auch immer recht. Aber er hat die Sonne leider auf einem ziemlichen Katastrophenpunkt stehen, auf 27 Widder im Saturn.«

Merlin blies einmal tief durch seinen Backen. Ich hatte absolut keine Ahnung, was das bedeutete, und blickte ihn mit großen, fragenden Augen an.

»Ist der pervers? Soll ich den lieber nicht treffen?«

Merlin fiel vor Lachen fast vom Stuhl.

»Nein, er ist nicht pervers. Aber wenn du die Sonne auf dem Grad hast, dann ist das kein leichtes Leben. Das ist ein Tag nach dem Untergang der Titanic.«

Ich blickte Merlin so verständnislos an, wie wohl nur eine Blondine schauen kann. Was hatte Kandidat BritPop mit dem Untergang der Titanic zu tun?

»Das ist einfach ein Katastrophenpunkt. Das ist ein hochintelligenter und auch sehr wissenschaftlich affiner Mann, ein Titan des Geistes. Und in der Steigerung ist er eben Titanic. Er ist so genial, dass er aufpassen muss, sich nicht zu übernehmen und unterzugehen. Er neigt sehr dazu, sich permanent zu überfordern und überehrgeizig zu sein.

Er ist ein sehr spannender Typ, aber er hat so etwas Verbissenes. Sagen wir so: einmal Zukunft und zurück. Es gibt ja leider immer mehr Beziehungen, die nur noch zurück sind, das heißt, immer mehr Beziehungen haben keine Zukunft. Die meisten landen wieder da, wo sie gestartet sind – nämlich getrennt.«

Das fand ich sehr interessant und deckte sich mit meinem Empfinden in den vergangenen Jahren.

»Warum wird es deiner Meinung nach immer schwieriger, eine glückliche Beziehung zu führen?«

»Die Welt gerät immer mehr aus den Fugen und die Menschen verlieren ihr Maß. Jedem Menschen ist ein gewisses Maß mitgegeben, das zu ihm passt. Und viele haben ihr eigenes Maß verloren. Viele Menschen halten sich heute für irre wichtig und unersetzbar. Die Menschen gehen immer mehr in der Maßlosigkeit verloren. Es findet kaum noch systemisches Denken statt, sondern man beobachtet eine Überindividualisierung.

Das Team ist normalerweise der Star, aber wir Menschen heute wollen alle selbst der Star sein. Auch in Beziehungen. Dazu kommt die Emanzipation der Frauen, die von den letzten Jahrhunderten die Nase voll haben. Zu Recht. Und damit haben viele Männer heute ein Problem.«

Ich war wirklich auf den titanischen Widder gespannt.

Geboren und aufgewachsen in Manchester schrieb Stephan nur kurze und sachlich gehaltene Nachrichten. Manchmal blitzte ein wenig der berühmte schwarze englische Humor durch, was mir gut gefiel. Keine virtuellen Küsschen oder Rosen; der Mann war da recht schnörkellos. Und auch das gefiel mir. Dieses Pseudo–»Ich fühle, du bist die Frau meines Lebens« kombiniert mit zehn Herzküsschen und Rosen von manchen Kandidaten finde ich persönlich schwierig, wenn man sich noch nie im Leben getroffen hat.

Stephan wäre sogar ein Dinner-Kandidat gewesen, aber leider hatte er nur mittags während der Woche Zeit, angeblich wegen großem beruflichen Stress. Ich hätte gewarnt sein sollen. Er hatte nur beiläufig erwähnt, dass er von seiner Frau und drei Kindern getrennt lebte.

Wir verabredeten uns bei einem kleinen Italiener zum Lunch. Ich hatte mir dummerweise eine falsche Uhrzeit notiert und war eine halbe Stunde zu früh im Restaurant. Ich suchte mir ein nettes Plätzchen, bestellte etwas zu trinken und las ein wenig in den Memoiren des von mir sehr geschätzten Psychoanalytikers und Schriftstellers Irvin Yalom.

Nach kurzer Zeit betrat ein dunkelhaariger, mittelalter Mann das Restaurant und setzte sich an den Tisch mir gegenüber. Als der Kellner ihn fragte, was er trinken wolle, erwiderte der Gast, er würde noch auf jemanden warten.

Wenige Minuten später erschien eine zirka 35 Jahre alte Frau mit einem Blumenstrauß in der Hand. Sie war von Kopf bis Fuß in Schwarz gekleidet. Ich konnte einfach nicht anders – ich musste mich kurzzeitig von Irvin trennen und der Konversation am Nebentisch lauschen.

Er stand mit einem verzagten Lächeln auf und ging auf sie zu.

»Oh, bin ich ein Mädchen?«

Sie: »Hä?«

Er: »Ja, wegen der Blumen.«

Sie reichte ihm die Blumen und umarmte ihn.
   »Ja, die sind dein Geburtstagsgeschenk.«

Er, etwas irritiert, nahm die Blumen und schaute sie an.
   »Oh, danke. Ja. Blumen. Für mich.«

Beide setzten sich und bestellten eine Flasche Wasser.

Sie: »Ja, weißt du. Eigentlich hatte ich eine Topfpflanze für dich gekauft, für deine Dachterrasse. Und dann habe ich die gestern Abend umgetopft, in einen meiner Tontöpfe. Und das sah einfach so schön aus – da habe ich sie behalten und dir eben noch den Blumenstrauß gekauft.«

Er schaute irritiert. Sie trank Wasser.

Er: »Ja, möchtest du denn einen Aperitif trinken? Einen Sekt vielleicht?«

Sie: »Ja, einen Sekt gerne. Aber ich hätte lieber etwas mit Farbe *(konnte ich bei den Klamotten verstehen)*. Also so einen Spritz oder wie das heißt, hätte ich gerne.«

Er: »Du meinst Aperol? Ja, der hat eine ganz schöne Farbe.«

Sie: »Ja, genau. Wie alt wirst du eigentlich?«

Er: »50.«

Sie: »Oje«

Er schaute irritiert.

Sie: »Na ja, vielleicht wirst du ja alt.«

Er: »Ja, ich werde mich heute Mittag hier gesund ernähren. Ich esse einen Salat, damit ich 100 Jahre alt werde. Dann habe ich heute erst die Hälfte meines Lebens hinter mir. Das ist doch sehr positiv.«

Sie nahm einen großen Schluck Aperol Spritz.

Er: »Ich denke jetzt viel über das Leben nach. Ich bin ja christlich getauft, aber Buddhismus zum Beispiel finde ich auch spannend. Ich bin Teil der Natur und Teil von irgendwas.«

Sie: »Ich verstehe kein Wort. Was meinst du?«

Er: »Das ist doch spannend. Unsere Materie und der ganze Atommüll. Gehen wir in ein großes, schwarzes Loch?«

Sie trank weiter Aperol Spritz *(und verstand wahrscheinlich immer noch kein Wort)*.

Er: »Was wollen wir denn nun essen? Ich esse wohl wirklich Salat. Aber der mit Gambas geht nicht. Weißt du, ich kann keine ganzen Tiere essen – da habe ich Hemmungen.«

Sie: »Ich brauche einen zweiten Aperol.«

Kurz bevor ich vor unterdrücktem Lachen in die Tischkante beißen wollte, kam Stephan herein.

Er reichte mir artig zur Begrüßung die Hand und lächelte etwas schüchtern. Vor mir stand tatsächlich der etwas jüngere Bruder von Hugh Grant. Also rein optisch betrachtet. Braune, leicht gelockte Haare, gut geschnittener Anzug. Schwarze – wahrscheinlich handgenähte – Budapester Schuhe. Stephan strahlte eine gewisse Klasse aus. Er hätte auch direkt aus einer Vorlesung von der Oxford-Universität kommen können.

Sorgen machten mir von Anfang an seine Augen. An sich sehr hübsche, tiefblaue Augen mit langen, dichten Wimpern. Aber sie waren tot. Ich sah keinerlei Lebensfreude darin.

Der Kandidat machte auf mich einen emotional angeschlagenen Eindruck und eine Unterhaltung mit ihm kam nur zögerlich in Gang. Ich musste immer noch ein Lachen unterdrücken; diese belauschte Konversation war einfach zu köstlich.

Stephan merkte, dass ich meinen Lachreflex nur schwer unter Kontrolle halten konnte, hatte aber natürlich keine Ahnung warum. Ich wollte unter keinen Umständen, dass er meinen vor sich hin zuckenden Körper auf sich bezog, und beugte mich ganz nah zu ihm herüber. Wispernd versuchte ich, ihm die belauschte Konversation in zwei Sätzen zu erklären. Er konnte sich leider meiner Erheiterung nicht anschließen. Er war und blieb auf eine gewisse Art verklemmt und distanziert.

Ich ermunterte ihn, ein bisschen aus seinem Leben zu plaudern.

»Ach, da gibt es nicht so viel zu erzählen. Ich bin in Manchester aufgewachsen und habe dann in den USA Medizin studiert. Meine Eltern haben sich getrennt, als ich noch klein war, daher war ich in England einige Jahre im Internat. Nach dem Studium bin ich dann bei einer Firma in New York gelandet, die Venture-Capital für Pharmakonzerne vermittelt.«

Er erzählte, dass er mehrere Pharmaunternehmen bei der Entwicklung neuer Medikamente beraten hatte und bei der Suche nach Investoren behilflich war. Vor einigen Jahren hatte er ein eigenes Unternehmen sehr gewinnbringend verkauft und brauchte eigentlich nicht mehr zu arbeiten. Er ackerte aber weiterhin wie ein Besessener.

Stephan saß kerzengerade auf seinem Stuhl und aß sehr bedächtig seine Spaghetti Carbonara. Jede einzelne Nudel wurde mit großer Sorgfalt um die Gabel gedreht. Es hatte fast etwas Andächtiges. Ich hatte den Eindruck, dass meine rheinische Frohnatur ihn irgendwie erschlagen hatte. In mir wuchs der Verdacht, dass neben seiner Wirbelsäule ein Stock implantiert war, der ihm das Leben ziemlich schwermachte.

Tja, und dann rückte er damit heraus, dass er ja so ganz richtig noch nicht von seiner Frau und den drei Kindern getrennt sei – sondern nur unter der Woche. Am Wochenende fuhr er zurück ins heimische Nest. Aber er sei kurz davor, sich wirklich zu trennen, er denke schon sehr lange darüber nach. So ginge das alles ja nicht weiter.

Aber natürlich. Geriet ich denn nur an Typen, die auf der Suche nach ein bisschen Trost und Abwechslung von Montag bis Donnerstag waren? Warum sind Männer nicht in der Lage, ihre private Situation entweder zu klären und sich sauber und freundschaftlich zu trennen ODER einfach die Finger von einem Dating-Portal zu lassen beziehungsweise dort nicht anzukreuzen »Ich wünsche mir eine neue Beziehung«?

»Warum zum Teufel hast du mich eigentlich angeschrieben?«, fragte ich gereizt.

»Ich fand deine Bilder sehr schön und du hast so eine fröhliche Ausstrahlung.«

Ich konnte mich über dieses an sich nett gemeinte Kompliment nicht freuen und kam mir massiv veralbert vor. Auch dieses Date endete daher leider ziemlich abrupt und ich übergab den Kandidaten an seine weitere Lebensgestaltung.

Am gleichen Abend berief ich eine Krisensitzung mit Susi, Merlin und unserem gemeinsamen Freund René ein. Wir trafen uns bei einem schrammeligen Argentinier, der interessanterweise kein einziges Steak-Gericht auf seiner Karte stehen hat. Dafür Pizza und Pellkartoffeln mit Quark. Die innen holzvertäfelte Bude sah seit 25

Jahren gleich aus und wir liebten den herzlichen Service und die wirklich gute Pizza. Alle zwei Wochen hielten wir vier dort unseren ›gesellschaftspolitisch bedeutsamen Stammtisch‹ ab.

»Also ich habe jetzt schon die Nase wirklich gestrichen voll! Mir reicht es echt. Es sind nur schräge Typen am Start.«

René tätschelte quer über den Tisch meine Hand und versuchte, mich zu beruhigen:

»Liebes, komm erst mal runter. Wir trinken jetzt einen Champagner und dann sieht die Welt schon wieder anders aus«, säuselte er in seiner unnachahmlichen Art, die man wahrscheinlich nur als schwuler Ballettmeister draufhat.

Ich warf ihm einen schrägen Blick zu, musste jedoch lachen. Also nahm ich das Glas Champagner, das René mir zwischenzeitlich bestellt hatte, in die Hand und prostete meinen Freunden zu. Wir lästerten alle zusammen über die bösen Männer und hatten unseren Spaß.

An dem Abend ahnte ich noch nicht, dass das nächste Date mich ein bisschen aus dem Gleichgewicht bringen sollte ...

3. Date: Fabrice

Meine nächste Dating-Herausforderung brachte zwei Attribute mit, die ihn automatisch bei mir auf einen der vorderen Ränge spülten: Franzose und Musiker in einem Kammerorchester.

Was für eine formidable Kombination! Meine Begeisterung über (fast) alles, was aus Frankreich kommt, ist meinem Freundeskreis seit Jahren bekannt. Und Musik hat von Kind an in meinem Leben eine große Rolle gespielt.

Fabrice sah dazu auch noch fabelhaft aus. Schlanke, groß gewachsene und elegante Erscheinung, schwarze, leicht gewellte Haare, feingliedrige Hände – und 14 Jahre jünger als ich. DAS war zugegebenermaßen etwas, über das ich kurz nachgedacht habe.

Was wollte ein Mann mit einer so viel älteren Frau? Und umgekehrt ich mit einem viel jüngeren Mann? Aber da ich schon immer sehr unkonventionell durch mein Leben marschiert bin und das ganze Gehabe über das Alter irrelevant ist (außer bei einer Flasche Wein), beschloss ich, mich damit zunächst nicht weiter zu beschäftigen.

Fabrice (34 Jahre, Waage, Aszendent Waage)

Merlin war beim Blick auf das Profilbild des Franzosen von dessen optischen Vorzügen hin und weg.

»Mein lieber Schieber, das ist eine Granate. Wie der da steht mit seiner Klarinette – wie so ein kleiner Macron. Was soll ich sagen, das ist ein begnadeter Musiker. Waage-Aszendent, die Sonne in der Waage und im zwölften

Haus, den Mond im Krebs, also in deinem Aszendenten. Ihr werdet euch zumindest auf Anhieb sehr sympathisch finden.«

Merlin grinste.

»Bei dem steht alles auf Musik, Musik. Ihr zwei zusammen könntet eine Feuerwerkskonstellation sein, da kommen Blitze an den Himmel – als sie sich trafen, die Götter mit den Blitzen warfen. Das könnte so eine starke Anziehung sein, dass man Angst hat, sich die Finger daran zu verbrennen.«

Also wenn das keine verheißungsvollen Aussichten waren. Ich wurde immer neugieriger auf Fabrice. Doch wo Licht, da ist auch Schatten.

»Der junge Mann ist in der Damenwelt vielumschwärmt und er ist vom Ehrgeiz besessen. Die Musik ist sein Leben und mit einer wirklichen, echten Bindung wird er sich in seinem Leben schwertun. Da muss schon viel passieren. Er möchte auf gar keinen Fall seine Karriere vergeigen.

Wenn er sich einer Liebe wirklich hingeben würde, dann hätte er das Gefühl, die Kontrolle zu verlieren und unvernünftig zu werden. Das Leben eines Profimusikers in einem klassischen Orchester verlangt eine sehr disziplinierte Lebensführung. Und er möchte auf keinen Fall seine Freiheit verlieren. Echte Liebe bindet aber. Die Liebe mag er, aber nicht den Preis der Liebe – die Bindung.«

Meine Neugier auf Fabrice war mehr als geweckt. Der junge Mann war natürlich ein Dinner-Kandidat, doch leider machten uns mehrere Konzerte, die er zu bestreiten hatte, einen Strich durch die Rechnung. Also verabredeten wir uns zum Lunch. Da er vormittags in der Regel Orchesterprobe hatte, konnte er erst sehr kurzfristig eine genaue Uhrzeit festlegen. Einen Tag vor unserer Verabredung erreichte mich eine SMS von Fabrice:

»Hallo Madame, vielleicht morgen klappt es doch früher, mal schauen. Bleibst du flexibel mit der Uhrzeit?«

Sein französisch geprägter Schreibstil gefiel mir. Welcher deutsche Mann bezeichnet einen schon als Madame? Herrlich.

»Hallo Fabrice, ja, ich bin morgen flexibel. Kein Problem.«

»O. k., ich sage dir morgen Bescheid. Ich denke, gegen 13 Uhr sollte passen. Wie geht es dir sonst?«

»Danke, Fabrice, mir geht es gut. Ich hoffe, dir auch?«

»Ja, isch bin gut.«

Ich musste schmunzeln und war sehr gespannt auf den nächsten Tag. Fabrice schickte zirka zwei Stunden vor unserem Lunch eine weitere SMS:

»Also 13 Uhr passt. Die Probe ist dann aus. Wie lange hast du?«

»Ich bin entspannt und habe anschließend keine weiteren Termine.«

»Ah gut, Madame. Ich muss nachmittags noch nach Dortmund zu einem Termin. Dann wir treffen uns einfach in die Restaurant gleich, o. k.?«

»Prima, bis nachher.«

Wir trafen exakt auf die Sekunde zur gleichen Zeit vor der Eingangstür des italienischen Restaurants ein; er kam von der einen und ich von der anderen Seite. Also das muss man erst einmal schaffen.

Fabrice trug eine schwarze Brille und der Vollbart war ein bisschen länger als auf den Fotos. Das änderte aber nichts an seiner Attraktivität. Ohne Zweifel ein sehr gut aussehender, mit zirka 1,89 Meter ein groß gewachsener und elegant wirkender Mann. Beigefarbener, schmal geschnittener Mantel, dunkle Hose und schwarzes Hemd. Schwarze, ordentlich geputzte Lederschuhe.

Er hielt mir die Tür zum Restaurant auf (weiterer Bonuspunkt) und wir suchten uns ein ruhiges Eckchen. Nachdem die Getränkefrage (stilles Wasser) und Quellen der Nahrungsmittelzufuhr (Pasta mit Kalbsbolognese und Trüffel) geklärt waren, starrten wir uns zunächst gefühlte zehn Minuten einfach an. Da war eine gewisse Stimmung zwischen uns, die schwer zu beschreiben ist. Leicht, prickelnd und doch selbstverständlich. Als würde man sich kennen und lernt sich doch gerade erst kennen.

»Kennst du Lang Lang?«

Ich riss meine Augen auf und fing an zu lachen.

»Wie kommst du denn darauf?«

»Isch abe die Foto mit ihm auf deine Charity-Internetseite gesehen und da ich auch Musiker bin, fand ich interessant. Ich habe einmal in eine Konzert mit ihm gespielt.«

Ich erinnerte mich an das Foto; Fabrice hatte offensichtlich auf meiner früheren Charity-Seite ›Stargebot‹ gestöbert. Als ich ›Stargebot‹ im Jahr 2007 gegründet habe, war es das erste Charity-Auktionsportal in Deutschland. Prominente Menschen versteigerten Dinge von sich oder Zeit mit sich für den guten Zweck. Die Erlöse aus den Auktionen gingen an verschiedene wohltätige Zwecke. Lang Lang hatte ein persönliches Treffen mit ihm nach einem seiner Konzerte für den guten Zweck versteigert. Der Auktionsgewinner hatte seine helle Freude an dem Treffen mit Lang Lang.

»Ich habe vor längerer Zeit ein Projekt mit Lang Lang umgesetzt, ein sehr netter Typ«, befriedigte ich Fabrice' Neugier.

»Bist du viel mit Prominente zusammen?«

»Heute nicht mehr so viel, es wurde mir irgendwann zu anstrengend.«

Ich zwinkerte Fabrice zu und trank einen Schluck Wasser.

»Wieso anstrengend? Sind alle die Prominente anstrengend? Isch verstehe nischt ganz.«

Ich musste lachen.

»Nein, die sind nicht alle anstrengend. Sagen wir einmal so: Die wirklich erfolgreichen Menschen sind eher selten anstrengend. Die sind meistens gelassen. Die nicht so erfolgreichen Menschen halten sich manchmal für den Nabel der Welt und DAS kann anstrengend sein ...! Und auch Partner oder Partnerinnen von erfolgreichen Menschen können sehr anstrengend sein. Manchmal benehmen sie sich so, als hätten sie den beruflichen Erfolg im Leben und nicht ihr Mann/ihre Frau. Man erlebt zum Teil wirklich schräge Geschichten. Ich hatte zum Beispiel einmal einen Klienten, der gerne mehr in den Medien vorkommen wollte. Der hat dann als seinen Trauzeugen nicht einen Freund genommen, sondern einen prominenten Musiker. Es war ihm wichtig, auf jeden Fall in der Presse mit seinen Hochzeitsfotos zu erscheinen, und die Anwesenheit des Musikers bei der Hochzeit sorgte für einen ziemlichen Pressetrubel.«

Fabrice schaut mich vollkommen fassungslos an, rollte mit seinen braunen Augen und fing an zu lachen.

»Verstehe. Das würde misch wahnsinnig machen. Da musst du haben viel Geduld und gute Nerven.«

Vor mir saß ein sehr kluger Mann.

Mittlerweile standen vor uns auf dem Tisch wirklich köstliche Tagliatelle, unsere Konversation wurde dadurch jedoch nicht gestoppt. Kennen Sie das? Wenn sich die Sätze leicht und beschwingt wie Perlen aneinanderreihen? Der ganze Körper mit der Konversation schwingt, fast wie bei einer Melodie? Fabrice erzählte über sein Leben als Musiker. Als Student war er manchmal verzweifelt gewesen und stand zweimal davor, alles hinzuschmeißen.

»Ich dachte, ich schaffe das nicht. Ich war dabei, mich selbst zu verlieren. Ich fand einfach nicht zu ›meinem‹ Spiel. Ich übte wie verrückt, aber ich war nie mit mir zufrieden. Doch dann, eines Tages, ist der Knoten geplatzt. Es wurde leichter für mich und ich habe dann mein Musikstudium am Ende doch noch sehr gut abschließen können.«

Die Zeit verging wie im Flug. Nach einem schnellen Espresso war es für Fabrice an der Zeit, sich aufzumachen. Wir verabschiedeten uns vor dem Restaurant und stellten einander durchaus eine Wiederbegegnung in Aussicht.

Am nächsten Morgen bekam ich eine SMS von ihm, in der er fragte, ob er mich zu einem Dinner einladen dürfte. Ich war entzückt.

Drei Tage später saßen wir abends in einem – französischen – Restaurant, aßen die halbe Speisekarte rauf und runter und tranken Champagner.

»Madame, in Ihrer Gegenwart fühle ich mich destabilisiert«, raunte Fabrice mir mit seinem unnachahmlich französisch gefärbtem Timbre in der Stimme zu.

Ich fühlte mich ebenso leicht destabilisiert, war mir aber nicht sicher, ob das am Champagner oder an Fabrice lag. Zu meiner eigenen Stabilisierung bestellte ich umgehend noch ein Glas Champagner. Wir verbrachten einen beschwingten Abend und im Hintergrund spielten Geigen.

Warfen die Götter mit den von Merlin prognostizierten Blitzen? Sie wärmten sich möglicherweise auf, bevor sie zum großen Blitzeinschlag ausholen würden ... Es lag etwas Flirrendes in der Luft. Wir waren durchaus füreinander eingenommen und in gewisser Weise voneinander fasziniert. Und das irritierte Fabrice. Denn er war, wie er mittlerweile zugegeben hatte, nicht bereit für eine ernsthafte Beziehung. Er wollte sich eher amüsieren und dafür hatte ich Verständnis. Dass er sich zunehmend in meiner Gegenwart »destabilisiert« fühlte, hatte er nicht eingeplant. C'est la vie.

Fabrice brach zu einer mehrwöchigen Konzertreise mit seinem Orchester auf und wir betrachteten das beide als wohltuenden Abstand. Wir mochten uns zu sehr, um uns auf ein schnelles Abenteuer einzulassen, und mir stand darüber hinaus nicht der Sinn nach einer Affäre. Ich war durch damit.

Wir blieben in gelegentlichem, freundschaftlichem Kontakt und manchmal besuche ich noch heute Konzerte seines Orchesters.

4. Date: GourmetFatzke

Der nächste Versuch brachte mich zurück zum deutschen Mann.

GourmetFatzke (51 Jahre, Skorpion, Aszendent Löwe)

Meine Einschätzung beim Blick auf sein Profilbild: Optisch kein heißes Schnittchen – aber irgendetwas hatte er. Ein markantes Gesicht. Schwarze, kurz geschnittene Haare, hellblaues Hemd. Natürliches, faltiges Gesicht (keinerlei Botox-Wahnsinn feststellbar, Gott sei Dank). Hohe Stirn mit tiefen Furchen, dürfte ziemlich clever sein. Manager bei einem Versicherungskonzern. Seine Augen hatten einen etwas spöttischen Blick, doch er wirkte nicht unsympathisch. Das gefiel mir. Leichter Ansatz zum Moppelchen und Doppelkinn, aber alles noch im vertretbaren Rahmen. Und ich mochte seine Nachricht:

»*Hallo, junge Frau, Ihr Bild kommt mir irgendwie bekannt vor, kann es sein, dass über Sie einmal ein Artikel in einer Frauenzeitschrift erschien?* (Guter erster Satz, ja, das konnte sein.) *Ich lese so etwas ja nicht wirklich* (neeeeiiin, natürlich nicht), *aber eine lustige Koinzidenz! Kennen Sie das Restaurant Luzy Wang?* (Ich kannte das Restaurant.) *Das war vor Jahren mal mein erweitertes Wohnzimmer* (meins auch). *Ich war kürzlich noch einmal da, Ente!!!!* (Damit meinte er anscheinend, dass er gerne asiatische Ente isst. Ich auch.) *Ich würde Sie gerne dorthin zum Essen einladen. Wie wäre WhatsApp zur Fortsetzung etwaiger Präzisierungen?*«

Damit hatte der Kandidat ein für mich schwieriges Medium angesprochen, aber immerhin kam er direkt zum Punkt (Treffen) und irgendwie musste man ja die Dinge koordinieren. Jedoch Dinner: So heiß fand ich ihn leider nicht – ich lenkte ihn also auf einen Lunch-Termin um.

Auch Merlin konnte mir nur bedingt Hoffnung machen.

»Also der hat einen interessanten Charakter, eine gewisse Paschahaltung, die vom Löwen kommt, und einen Hang zur Selbstdarstellung. Der könnte leider selbstverliebt sein.
Seine Sonne steht im Krebs, deinem Aszendenten. Skorpion und Krebs unterliegen immer einer Anziehung und ihr habt beide den Mond in der Waage.«

Merlin lachte. Ich war mir nicht sicher, ob ich mich auf ein Date mit dem interessanten Charakter freuen sollte oder nicht. Aber Merlin hatte noch mehr Durchsagen von ›oben‹.

»Dieser Kandidat ist die demonstrative Heimlichkeit. Mister Ominös. Er lenkt gerne mit seiner schalkhaften Art von Dingen ab und ist mit allen Wassern gewaschen. Ein hochintelligenter Mann und sein Wille ist Gesetz. Er ist ein begnadeter Problem-Löser – zum Teil auch von Problemen, die er selbst geschaffen hat. Er kann unheimlich charmant sein und hat einen großen Sinn für Musik und Kultur. Ich wünsche dir viel Vergnügen.«

GourmetFatzke und ich trafen zeitgleich im Restaurant Suzy Wong ein und ich nahm das jetzt einfach einmal als gutes Zeichen. Es kam jedoch gleich zu Anfang zu einer gewissen Irritation beim Top-Manager. Küchenchef Titzu kannte nicht nur ihn sehr gut, sondern – tataaa – auch mich und fiel daher zuerst mir ausgiebig zur Begrüßung um den Hals.

Der Dating-Kandidat stand mit leicht angesäuerter Miene daneben.

»Ach, ihr kennt euch?«

Titzu und ich nickten beide mit dem Kopf.

Michael alias GourmetFatzke war es offensichtlich gewohnt, stets als Erster im Restaurant vom Chef begrüßt zu werden. Als wir dann endlich einen Tisch gefunden hatten, der uns beiden gefiel, bemusterten wir uns zuerst einmal ausgiebig. Das hatte fast schon wieder etwas Komisches. Ich musste lachen.

»Warum lachst du?«

Michael warf mir einen schrägen Blick zu, konnte sich ein Lächeln aber auch nicht verkneifen. Ganz Managerlike legte er zwei iPhones auf den Tisch, wahrscheinlich um sich selbst gegenüber ständig seine Wichtigkeit zu bestätigen.

Er schaute zwischendurch auch immer wieder mit hochgezogener Stirn ganz interessiert auf beide Displays und beantwortete nebenher kurz eintreffende Nachrichten. Damit sammelte er bei mir keine Bonuspunkte. Ich war da bereits kurz davor, einfach wieder zu gehen. Lediglich die Vorfreude auf das köstliche asiatische Essen ließ mich dort sitzen bleiben.

Warum müssen heutzutage so viele Menschen in Restaurants ihre Handys auf den Tisch legen und dem Telefon mehr Aufmerksamkeit widmen als ihrem Gegenüber? Eine entsetzliche Entwicklung.

Für mich gibt es nur zwei akzeptable Gründe, während zum Beispiel eines Abendessens sein Handy auf den Tisch zu legen: Die Kinder sind krank und die Nanny könnte Alarm schlagen oder es liegt jemand im Sterben. Ansonsten wird es jeder Arbeitgeber und jede Facebook- oder sonstige Social-Media-Seite verkraften, wenn das Handy einfach einmal zwei Stunden in der Tasche oder – noch besser – zu Hause bleibt!

Michael war offensichtlich nervös und gab sich alle Mühe, besonders cool und lässig rüberzukommen. Um seinen Hals war ein bunter Schal geschlungen. Das Hemd spannte ein wenig über dem doch etwas fülligeren Bauch und seine schmal geschnittene Hose würde kein Dessert erlauben. Der an sich gute Style wirkte irgendwie ein bisschen zu bemüht.

»Also normalerweise trinke ich ja hier immer einen spanischen Rotwein, aber mittags verkneife ich mir den jetzt mal«, bemerkte der Dating-Kandidat und bestellte eine große Flasche Wasser, »ohne Bubbel«, wie er das nannte.

»So, jetzt sitzen wir hier also. Schon ein bisschen ungewohnt.«

Michael grinste.

»Erzähl mal, du hast geschrieben, du hast früher mal im Bundeskanzleramt gearbeitet, wie bist du denn da gelandet?«

Ich weiß nicht, wie oft ich in den letzten Jahren diese Frage gehört habe, und verdrehte innerlich ein bisschen die Augen. Aber ich wollte nicht schon nach fünf Minuten meinen Dating-Kandidaten verprellen und strahlte ihn an, als gäbe es für mich kein spannenderes Thema.

»Ach, das ist eine lustige Geschichte. Ende der achtziger Jahre herrschte in Deutschland ein absoluter Mangel an Ausbildungsplätzen. Helmut Kohl beschloss daraufhin, das Bundeskanzleramt müsse auch etwas tun und junge Menschen ausbilden.«

Also erzählte ich ein bisschen von früher.

»Ich stand damals kurz vor dem Abitur und überlegte, was danach zu tun sei. Direkt zur Uni oder vorher eine Ausbildung? Aber welche? Die Vorstellung, jeden Tag in eine Bank oder Versicherung zu rennen (was damals unter Abiturienten sehr ›in‹ war), löste in mir keinerlei Begeisterung aus. Ich las von Kohls Plänen in der Zeitung und fand, dass das Bundeskanzleramt in Bonn der einzig angemessene Ort für die Ausbildung einer Blondine sei.

Ich schickte – wie Hunderte andere auch – eine Bewerbung los und bekam tatsächlich eine Einladung zu einem Auswahlverfahren. Einige Wochen später saß ich vor einer fünfköpfigen, ausschließlich männlich besetzten Auswahlkommission im Bundeskanzleramt.

Die fünf Herren musterten mich ausgiebig. Ich musterte zurück. Nachdem sie meine Personalien abgefragt hatten, wollten sie wissen, warum ich denn die Richtige für eine Ausbildung im Bundeskanzleramt sei und was ich alles lernen wolle. Ich hatte bereits früh gelernt, dass ich Fragen, auf die ich keine für mich selbst zufriedenstellende intelligente Antwort parat habe, einfach überhöre, und antwortete mit einer Gegenfrage: ›Was erwartet mich denn hier so alles und wie sehen die Ausbildungsinhalte aus?‹

Die Auswahlkommission schaute sich ratlos an. Sie hatten absolut keine Ahnung. Seit Kohls Beschluss war alles so schnell gegangen, dass die Inhalte und Ausbildungspläne noch in Bearbeitung waren. Am Ende des Tages waren wir alle davon überzeugt, dass wir in unserer Ahnungslosigkeit glänzend zusammenpassten, und beschlossen, es miteinander zu versuchen.

Ich erhielt im Bundeskanzleramt einen von zwei Ausbildungsplätzen im Verwaltungsdienst und verbrachte etwas über drei Jahre in der Regierungszentrale in Bonn. Ich habe dort eine Menge gelernt, dafür bin ich bis heute sehr dankbar. Es war eine tolle Zeit.«

Michael meinte, ich sei zum Schießen. Nebenher beantwortete er weiter eintreffende Nachrichten. Mir dämmerte, dass mein Monolog jedoch eher bequem (er konnte in Ruhe weiter Nachrichten beantworten) als wirklich unterhaltsam für ihn war, denn wirklich interessiert hatte er mir nicht zugehört.

Meine Erzählung hatte mich noch hungriger gemacht, als ich ohnehin schon war, und so bestellten wir endlich etwas zu essen. Ich orderte Mini-Frühlingsrollen und Yakitori-Spieße mit Huhn als Vorspeise sowie Ente in Pflaumensauce und Reis als Hauptgericht.

GourmetFatzke schaute mich mit weit aufgerissenen Augen an.

»Ist das alles für dich? Das isst du alles? Ich kenne keine Frau, die so viel isst, das ist ja widerlich.«

Bei Michael schien die Nahrungsmittelverwertung ungünstiger auszufallen als bei mir und er verkniff sich eine Vorspeise. Er schloss sich aber meiner Ente in Pflaumensauce an.

Der Kandidat war mir leider echt unsympathisch und seine selbstverliebte und emotionslose Art fand ich abstoßend. Mit so jemandem eine Beziehung zu führen, ist kein leichtes Leben. Vor mir saß der nächste Mann mit offensichtlich narzisstischen Zügen. Aber ich muss zugeben, seine Art, über seine Vorstandskollegen im Konzern herzuziehen, war amüsant.

Er gab ganz offen zu, dass er ein Schweinegeld verdienen würde und einen cleveren Weg gefunden habe, mit dem geringsten Aufwand das Größtmögliche zu erreichen.

»Weißt du, man muss sich ja nicht totarbeiten, nur weil man in der Führungsetage eines Konzerns sitzt. Ich überlasse da gerne anderen die erste Reihe. Ich mache nur das, wozu ich Bock habe, und tue so, als hätte ich von morgens bis abends alle Hände voll zu tun. Habe ich ja auch – zum Beispiel gerade hier mit dir zu sitzen und nett zu essen.«

Er zwinkerte mir verschwörerisch zu und setzte seine lebenspraktischen Ausführungen fort:

»Ich reise permanent durch die Gegend zu verschiedenen Partnern. Wozu weiß ich selbst nicht. Aber weißt du, so geht die Zeit besser rum. Wenn ich von morgens bis abends in einem Büro sitzen müsste, das würde mich vollkommen wahnsinnig machen.«

Ich grinste vor mich hin, Merlin hatte mit seiner Einschätzung ziemlich richtiggelegen. Michael war definitiv mit allen Wassern gewaschen und sehr clever. Und erstaunlich offen in seinen Schilderungen über seinen beruflichen Alltag. Bei seinem Privatleben war das völlig anders, wie ich später erfahren sollte.

Wir plauderten unter anderem über eine große gemeinsame Leidenschaft: Lebensmittel und Wein. Ich wollte ursprünglich nach dem Abitur tatsächlich Köchin werden, und auch Michael erzählte, dass er sehr gerne kocht. Seine Wein-Sammlung klang beachtlich, da konnte mein kleiner Weinschrank nicht mithalten.

»Weißt du, ich bin mit einigen sehr bekannten Gastronomen befreundet, gutes Essen ist für mich selbstverständlich.«

Ich rollte innerlich mit den Augen.

Michael lebte seit einigen Jahren von seiner Frau und den drei Kindern getrennt, war aber immer noch verheiratet. Man habe da keine Eile mit einer Scheidung, den Kindern zuliebe. Damit hatte ich grundsätzlich kein Problem, solange die Sachen sauber geklärt und getrennt waren. Als ich fragte, wie lange er denn schon Single sei, da geriet Michael auf einmal etwas ins Stocken.

»Ähm, tja, also, es ist so. Ich habe da noch eine Freundin am Steinhuder Meer in Norddeutschland. Aber von der trenne ich mich jetzt, der Koffer steht quasi schon gepackt an der Tür. Für mich ist das jetzt endgültig beendet, die letzten zwei Jahre haben mir gereicht. Ich wollte diese Beziehung zu ihr eigentlich nie und bin da irgendwie reingerutscht. Die ist zwölf Jahre jünger als ich und viel zu jung für mich. Die will Familie haben und damit bin ich durch. Ich habe drei Kinder.«

In diesem Moment hätte ich ihm gerne die kurzen Haare noch ein bisschen kürzer geschnitten.

»Du bist noch verheiratet, hast eine Freundin an einem See in Norddeutschland und schreibst anderen Frauen hinterher? Hast du zu heiß gebadet?«

Der Kandidat hatte endgültig bei mir verloren und es gab leider kein Bild für die nächste Dating-Runde für ihn. Ich riet ihm, seine private Situation in den Griff zu bekommen und sein Spiegelbild morgens im Bad ausgiebig und ehrlich zu betrachten. Für mich war dieses Lunch-Date damit beendet. Ich stand auf und ging.

Mein abrupter Abgang beim Lunch schien Gourmet-Fatzke nicht sonderlich zu beeindrucken. Vielmehr hatte ich offensichtlich seinen Jagdinstinkt geweckt. Er meldete sich noch einige Wochen lang per WhatsApp und versuchte, bei mir zu landen. Es fand ein regelrechtes ›love bombing‹ inklusive online verschicktem Heiratsantrag und Nachwuchsplanung statt. Ich fand das alles in höchstem Maße befremdlich.

An seiner persönlichen Situation änderte er selbstverständlich nichts, die Wochenenden verbrachte er weiter bei seiner jungen Freundin. Mir dämmerte immer mehr, dass ich offensichtlich wirklich an einen narzisstisch geprägten Kerl geraten war.

Ich war für mich persönlich zwar schon immer davon überzeugt, dass Online-Dating nichts für mich ist, aber ich habe mir bis zum Beginn meiner Dating-Abenteuer nie Gedanken darüber gemacht, warum eigentlich. Instinktiv hatte ich Vorbehalte gegenüber den meisten sich dort tummelnden Männern. Langsam dämmerte mir warum.

Irgendwann gab Michael auf.

Ich hatte über ein Jahr nichts von ihm gehört. Dann, aus heiterem Himmel, meldete er sich wieder per WhatsApp und fragte, ob ich Lust hätte, mit ihm essen zu gehen. An seiner persönlichen Situation hatte er immer noch nichts geändert.

Ich verzichtete auf seine Gesellschaft, schickte ihm als Antwort lediglich einen lachenden Smiley und löschte seinen Kontakt endgültig aus meinem Adressbuch.

5. Date: Don Quijote

Warum zum Teufel war ich bloß auf die Idee gekommen, einen Selbstversuch im Online-Dating zu wagen? Ich musste mich nach fast jedem Date stundenlang unter ein Sauerstoffzelt legen, um wieder zu mir zu kommen.

Eine Frage drängte sich mir jedoch immer mehr auf: Warum tun sich das Millionen Frauen offenbar freiwillig und langanhaltend an? Und ja: Es gibt auch Männer, die viele schräge Storys mit Frauen erleben. Da ich jedoch keine Frauen gedatet habe, beschränke ich mich hier auf meine Erfahrungen mit männlichen Exemplaren.

Auf der anderen Seite fand ich es zunehmend spannender, mich mit den psychologischen Hintergründen dieser Männer und von Online-Dating generell zu beschäftigen. Ich beschloss, tapfer weiterzumachen und bis zur letzten männlichen Kokosnuss durchzuhalten. Vielleicht war ja doch ein Treffer dabei.

Don Quijote (54 Jahre, Sternzeichen Jungfrau)

Der nächste Kandidat kultivierte in seinen Nachrichten einen interessanten Sprachstil. Auch er hatte anscheinend von meinem Blog und der Liebe zu Frankreich Wind bekommen. Er ließ seine angloamerikanische Ader jedoch auch einfließen.

»Bonjour Princess, incroyable, let's give the next step a try. Nur als grobe Orientierung, hast du nächste Woche Zeit for a coffee, lunch or early dinner um fünf Uhr und Champagner? If yes, wann wäre es zeitlich am besten?«

Da ein Dinner um 17 Uhr für mich den Erotikfaktor einer Parkuhr hat und ich grundsätzlich keinen Champagner vor 18 Uhr trinke, schlug ich ihm zwei Lunch-Termine vor.

»*Frau Baronin* (die Adelskenner unter Ihnen werden bemerken, dass hier bereits eine Degradierung stattgefunden hatte), *no worris. Melde mich! Ist der Tag egal oder gibt es eine preference? Is 12:30 Uhr too early? LG Philip.*«

Philip hatte mir ein Bild von sich mitgeschickt. Es zeigte einen, wie er geschrieben hatte, »*1,85 Meter großen, schlanken und durchtrainierten*« Mann. Eine durchaus elegant wirkende Erscheinung.

Wir verabredeten uns zum Lunch in einem kleinen Bistro. Vorher ließ ich wie immer Merlin einen Blick auf die astrologischen Daten des Kandidaten werfen.

»Ein cleverer Bursche mit sehr wachen Augen. Der hat Pluto-Sonne-Konjunktion, da hat man manchmal durchaus gottähnliche Ambitionen. Und mit Merkur im Löwen neigen Menschen dazu, die Dinge schnell persönlich zu nehmen. Da muss man aufpassen. Das kann für eine manchmal vorlaute Schütze-Klappe wie dich anstrengend sein.

Er gibt sich äußerlich vernünftig und verständnisvoll, setzt sich aber in Dingen beinhart durch. Der verpackt seine Entscheidungen in logische, ruhige Argumentationen und dürfte ein sehr erfolgreicher Geschäftsmann sein. Der hat unzweifelhaft Manager-Qualitäten, leider auch mit narzisstischen Ausprägungen.«

Philip war Geschäftsführer einer großen Gebäudereinigungsgesellschaft, die er vor vielen Jahren gegründet hatte. Seinem Lebensstil nach zu urteilen, den er im Profil des Dating-Portals mit einigen Bildern dokumentiert hatte, dürfte er damit viel Geld verdient haben.

»Wenn er einmal eine Entscheidung getroffen hat, dann tut er sich schwer damit, seine Ansicht zu revidieren. Er ist sehr auf Sicherheit bedacht und mag keine unliebsamen Überraschungen, dem würde ich durchaus zutrauen, dass er dich nach deiner Krankenakte befragt. Der ist einfach frech, verkauft sich aber nach außen vernünftig. Ein adoptionsfähiger Egomane. Aber irgendwie ist er auch ein flockiges Kerlchen. Das könnte amüsant werden mit ihm.«

Ich war sehr gespannt auf den Chef der Reinigungsfirma.
Er wartete bereits im Restaurant auf mich und begrüßte mich mit einer gewissen Noblesse und Zurückhaltung.
Möchten Sie wissen, wo der Kandidat saß? Auf der Bank mit Blick ins Restaurant! Mon Dieu! Im Grunde war er damit durchgefallen, ohne auch nur ein einziges Wort zu sagen.

Meine Herren, nur um das hier an dieser Stelle – mit Unterstützung von Herrn Knigge – klar festzuhalten: Im Restaurant überlässt der Mann der Frau den besseren Platz, also den mit Blick in den Raum. Der Mann hingegen darf auch gegen eine Wand gucken – schließlich soll er sich auf das Schönste im Raum konzentrieren, nämlich die Frau, die ihm gegenübersitzt. Vorher hat er die Tür aufgehalten und ihr aus dem Mantel geholfen. Bei der ersten Verabredung übernimmt er in der Regel (wenn er ein vollendeter Gentleman sein möchte) auch die Rechnung.

Ich verkniff mir jede Bemerkung zur Platzwahl, nahm auf dem Stuhl Platz und schaute auf eine löchrige gelbe Wand.

Der Mann vor der Wand war sehr blass und wirkte etwas fahrig. Elegant gekleidet, in der Tat von schlanker Statur und etwas unsortiert in die Stirn hängendes ergrautes Haar. Die leicht aus der Façon geratene Frisur passte nicht so richtig zu ihm. Er wirkte ansonsten insgesamt sehr geordnet und akkurat, fast schon bürokratisch langweilig und etwas spießig.

Philip hatte bereits eine Flasche Wasser bestellt. Wir warfen einen raschen Blick in die kleine Speisekarte, die einige köstliche Nudelgerichte im Angebot hatte. Ich bestellte mir eine Portion Spaghetti Carbonara mit extra Parmesan. Philip zog die Augenbrauen hoch und bemerkte mit leicht spitzer Zunge:

»Was, du isst Kohlenhydrate? Bemerkenswert, die sind bei euch Frauen doch meistens von der Speisekarte gestrichen.«

»Also bei mir stehen Kohlenhydrate ziemlich oben auf der Speisekarte, ich liebe nicht nur Pasta, sondern auch Pommes. Lecker. Könnte ich jeden Tag essen.«

»Aha. Ich bin da vorsichtiger und esse mehr Salat und Gemüse. Aber na ja, du musst es ja wissen.«

Philip zog leicht missbilligend die Augenbrauen hoch und blickte mich abschätzig an. Der Kandidat hatte wirklich etwas von einer Spaßbremse.

Grundsätzlich halte ich es für eine lobenswerte Eigenschaft bei einem Mann, wenn er auf seine Figur achtet. Verschluckte Handbälle in der männlichen Körpermitte sehen einfach nicht wirklich sexy aus. Aber mir sind Genuss und Freude beim Essen wichtig. Ich wähle meine Lebensmittel nicht nur nach der Anzahl der Kalorien aus und käme nie auf die Idee, meinem Gegenüber die Pasta madigzumachen. Ich bin eine große Anhängerin des Mottos: »Leben und leben lassen.«

Philip rutschte auf der Sitzbank ein Stück weiter nach hinten und saß noch gerader da als vorher. Ich lümmelte im Stuhl vor mich hin und wollte wie E. T. nur noch nach Hause telefonieren.

»Erzähl doch mal ein bisschen von dir, Corinna, du hast ja in deinen Nachrichten nicht sehr viel über dich geschrieben. Was machst du eigentlich beruflich genau, das habe ich bis jetzt nicht so richtig verstanden.«

Ich schaute Philip mit traurigen Augen an und legte den Kopf leicht zur Seite.

»Also im Moment, da läuft es so richtig beschissen. Ich brauche einen männlichen Versorger. Keine Aufträge weit und breit. Ich muss mir meine Wohnung mit einem Studenten aus Russland teilen.«

Wie von mir beabsichtigt, begab sich Philips Laune nun endgültig in den Keller und er schaute mich mit einem leicht angewiderten Blick an.

»Wie bitte? Du wohnst mit einem Typen zusammen? Hast du was mit dem? Also das sind ja komische Verhältnisse.«

Ich war kurz davor, vor Lachen in die Tischkante zu beißen. Aber ich riss mich zusammen und blieb ernst.

»Natürlich, Victor und ich können nicht voneinander lassen.«

Ich rollte innerlich mit den Augen. Philip hatte immer noch nicht begriffen, dass ich ihn ein wenig auf den Arm genommen hatte. Meine Wohnung teilte ich mir jedoch tatsächlich vorübergehend mit Victor.

Ein Freund von mir hatte mich gebeten, dem jungen Mann eine Zeit lang Unterschlupf zu geben, da ihn kein Vermieter aufgrund seiner Herkunft beherbergen wollte. Was ich mit dem größten Vergnügen tat. Unvorstellbar, aber wahr. Die Attribute Ausländer und Doktorand schienen für die Wohnungssuche nicht gerade förderlich zu sein.

Wir sind ja hier unter uns, meine geschätzten Leserinnen (und Leser!). Daher gebe ich jetzt endlich, auch ganz offiziell, zu: Ich bin die Erfinderin von Airbnb! Die Jungs haben sich das bei mir abgesehen und waren clever genug, aus dieser Idee ein Multi-Trillionen-Dollar-Unternehmen zu machen. Übrigens ein ganz wunderbares Beispiel dafür, das aus – von Investoren mehrfach abgelehnten – Businessideen doch am Ende etwas werden kann ... :-)

Victor und ich hatten einen Heidenspaß und sind bis heute gut befreundet. Ich werde niemals den ersten Abend vergessen, als er bei mir vor der Haustür stand.

Es war ein dunkler Oktoberabend und es regnete junge Hunde. Als es klingelte, öffnete ich die Türe und draußen stand: Victor. Doktorand an der Uni. Er trompetete mit seiner tiefen Stimme: »Coooooonnny, hier bin ich«, schleppte nach und nach mehrere Koffer und Tüten von der regnerischen Straße ins Haus und strahlte mich an.

Nach nur zwei Minuten sah es in meinem Flur aus wie nach einer atomaren Explosion. Von den klatschnassen Tüten und Koffern hatten sich kleine Wasserinseln auf meinem Parkettboden gebildet und meine beiden Kater sprangen begeistert in die Pfützen und spielten fangen.

Das konnte ja heiter werden. Und das wurde es auch. Victor und ich haben wirklich unglaublich viel Spaß zusammen gehabt. Nächtelang wurde gekocht, gegessen, Wein (er und ich) und Wodka (er) getrunken, gesungen und getanzt. Zu vorgerückter Stunde entwickelten wir auch die ein oder andere neue Meditationsübung, an denen Buddha seine helle Freude gehabt hätte.

Nachdem Victor begriffen hatte, dass eine Kühlschrankfüllung (die er anstatt Miete zu übernehmen hatte) nicht nur aus Wodka und Bier bestand, lief es in unserer WG tippi toppi. Sein Zimmer und sein Bad habe ich kein einziges Mal betreten, ich glaube, ich hätte dieses Chaos darin einfach nicht verkraftet.

Victor wurde auch in puncto Kerle ein wichtiger Ratgeber für mich. Und er lag mit seiner Einschätzung fast immer richtig!

Wir brachten uns selbstverständlich gegenseitig auch wichtige Aspekte unserer Kulturen bei. Ich lernte zum Beispiel, dass der russische Mann seiner Partnerin auch tagsüber immer ausreichend Komplimente machen muss – sonst fliegt ihm abends zur Begrüßung erst einmal ein Teller an den Kopf.

Seit dieser Zeit habe ich immer genügend weißes, schlichtes, nicht allzu teures Porzellan im Haus! Ich erkannte auf einmal eine tief verborgene, russische Ader in mir ...

Nach noch nicht einmal einer halben Stunde Dating-Zeit war mir klar, dass ich bei einem Mann wie Philip mit an Sicherheit grenzender Wahrscheinlichkeit wöchentlich neues Porzellan würde kaufen müssen. Er war einfach fad und schien keine große Freude am Leben zu haben.

Gott sei Dank wurde das Essen schnell serviert und ich drehte meine Spaghetti in neuer Rekordzeit über den Löffel. Anschließend schob ich einen dringenden Termin vor und bat die nette Servicekraft (die bei der Bestellung von Philip in schnippischer Manier abgekanzelt worden war) um die Rechnung.

Dieses todlangweilige Date hat mich 60 Minuten Lebenszeit und 46,80 Euro gekostet. Der Herr Geschäftsführer hatte seine Geldbörse vergessen.

6. Date: Meerjunge007

Der nächste Dating-Kandidat war in mehrfacher Hinsicht ein bemerkenswerter Brocken.

Zum einen hatte er nicht nur einen Hand-, sondern einen kompletten Basketball verschluckt. Aber da wahre Schönheit häufig im Inneren verborgen liegt, sah ich darüber großzügig hinweg.

Zum anderen war der Mann in Deutschland nicht ganz unbekannt und ich war verwundert, dass sich ein Kerl mit diesem beruflichen Background der Damenwelt online näherte. Dass mir von seiner Seite noch weitere ›Brocken‹ serviert werden würden, ahnte ich zu diesem Zeitpunkt noch nicht. Aber der Reihe nach.

Meerjunge007 (49 Jahre, Widder, Aszendent Stier)

Eine massive Erscheinung und in Kombination mit einem verschluckten Basketball bei 1,90 Meter Größe wirklich nicht zu übersehen. Dunkelbraune, kurz geschnittene, gelockte Haare, freundlich wirkende grüne Augen, sehr helle Hautfarbe. Auf Bildern oder wenn man ihn bei Interviews im Fernsehen sah, trug er stets dieselben Klamotten: einen dunklen Anzug mit weißem Hemd, ohne Krawatte. Wenn er sich ›lässig‹ geben wollte, dann tauschte er die Anzughose gegen eine beigefarbene Jeans aus.

Seine Art zu schreiben war ein bisschen speziell, aber ich konnte durchaus Gefallen daran finden. Er hatte so lange genörgelt, bis ich ihm meine Kurznachrichten-dienst-Nummer gegeben hatte.

»Einen schönen guten Tag, Frau B. Es sonnt draußen und ich nehme uns erfreut bei WhatsApp z. K. Ich schicke Ihnen einen Erholungsurlaubtaggruß und kündige hiermit an, mich die Tage (also nach meinem Urlaub, nächste Woche) telefonisch zu melden.«

»Guten Tag, Anton, vielen Dank für Ihre freundliche Nachricht. Ich wünsche Ihnen noch einen schönen Urlaub, viel Spaß und gute Erholung.«

Anton war aber anscheinend nicht nach Radeln an der Strandpromenade oder Baden im Meer zumute. Er bombardierte mich mit Nachrichten per WhatsApp. Er ahnte nicht, dass er sich damit bei mir auf vermintem Gebiet bewegte. Aber ich wollte nicht zur vollkommenen Spielverderberin werden und antwortete ihm auf die ein oder andere Nachricht. Manchmal schickte er bis zu 50 Kurznachrichten pro Tag. Das kam mir bereits nach wenigen Tagen ziemlich merkwürdig vor.

»Der feine Herr ist nicht immer so weichgespült wie jetzt gerade im Urlaub. Da haben Sie Glück, Frau B., Sie bekommen es gerade gut geliefert. Manche sparen sich halt die 360 Vorzimmer und marschieren direkt zum großen Chef durch.«

Wenn ich nicht sofort auf seine Nachrichten antwortete, dann blieb das nicht ohne Folgen. Ich hatte ihn mittlerweile über meine Abneigung gegen permanente WhatsApp-Nachrichten aufgeklärt.

»Also falls WhatsApp zu Einschränkungen im Kommunika-

tionsfluss führen sollte, dann switche ich wieder auf den Da-
ting-Kanal. Frau Busch, Sie sind definitiv ein Highlight. Da
wird ›Mann‹ gegebenenfalls auf der Hut sein müssen. Ich freue
mich auf das, was kommt.«

Der vorletzte Satz bestärkte meine langsam aufkommen-
den Befürchtungen.

»Warum wird ein Mann bei mir auf der Hut sein müssen?«

»Kontrolle.«

Wussten Sie, dass es einen Wikipedia-Eintrag für den
Spruch »Nicht alle Tassen im Schrank haben« gibt? Eine
zugegeben recht saloppe Formulierung für eine ernsthafte, möglicherweise krankhafte Beeinträchtigung, aber
ich hatte offensichtlich den nächsten narzisstisch geprägten Kerl aufgegabelt.

Mein Enthusiasmus im Hinblick auf ein Treffen mit dem
vollschlanken Meerjungen hielt sich in überschaubaren
Grenzen. Merlin hingegen haute das Horoskop des Kandidaten vor Begeisterung fast vom Stuhl.

»Also der hat ja wirklich ein interessantes Horoskop. Ende
Widder, Anfang Stier. Den muss es in seinem Leben ja
geradezu zerreißen, denn er ist ständig auf der Flucht. Ein
sehr intelligenter Mann, interessiert an höheren Werten
und bereit, wie ein Kreuzritter für eine Ideologie zu sterben. Er könnte auch der Kirche nahestehen.«

Anton hatte mir in der Tat erzählt, dass er vor vielen Jahren als Religionslehrer an einem Gymnasium tätig war, bevor er seine erste eigene Firma gegründet hatte.

»Der Mann hat sehr kriegerische Fähigkeiten, ist aber gleichzeitig auch opferbereit und wirklich an Wissen interessiert. Er ist bereit, extremen Einsatz zu bringen, und verlangt auch extremen Einsatz. Ich fürchte, der ist auf einer anderen Umlaufbahn unterwegs als du. Aber schau ihn dir bei einem Treffen einfach einmal in Ruhe an.«

Anton war sehr beschäftigt (zumindest tat er so) und so dauerte es etwas, bis unser Lunch-Date tatsächlich stattfand. Er kündigte mehrfach an, einen Termin vorzuschlagen, was er dann aber nicht tat. Stattdessen schrieb er weiter wie verrückt Kurznachrichten.

»Sie lassen mich aufs Telefon schauen, rund zwanzigmal am Tag.«

»Warum zum Teufel?«

»Weil ich Ihre Art und Sie irgendwie mag. Weil es eben nicht nur trallala ist. Sie sind weder einfach noch nur stark. Aber lassen Sie bitte den Teufel aus dem Spiel, damit habe ich es nicht so.«

»Sie vergaßen hopsasa. Anton, Sie kennen mich doch gar nicht. Aber ich leiste Ihnen gerne bei einem Lunch Gesellschaft. Was tue ich nicht alles für eine warme Mahlzeit. Ich werde diese

Schreiberei hier ansonsten beenden. Mir persönlich reichen vier Wochen Hin-und-her-Texten.«

»Ich mag Ihre nüchterne und praktisch veranlagte Art, Frau Busch. Ich mag das Normale mit Ihnen. Also gut. Hätten Sie nächste Woche Donnerstagmittag Zeit?«

»Ja, das lässt sich einrichten.«

»Sehr gut. Ich werde weder arbeiten noch irgendeine Erkrankung zulassen, der Weltuntergang wird verschoben, der Zug wird fahren, ich werde meine Rüstung polieren, ich werde mein Visum beantragen, ich werde an der Stadtgrenze mit Drachen und Fürsten ringen, meine Erklärung zur Lage der Nation ist verschoben und ich werde freundschaftlich gewappnet sein.«

»In Ordnung, ich tauche dann einfach gegen 13 Uhr im Restaurant auf.«

»Aber nur, wenn es keine weiteren Umstände macht, Frau Busch.«

»Anton, was soll ich sagen, ich freue mich jetzt schon auf das Wiener Schnitzel, das ist dort wirklich ganz besonders knusprig.«

Ich hatte eigentlich mit einer kurzfristen Absage von Anton gerechnet, aber er kam tatsächlich pünktlich um 13 Uhr im Restaurant an.

Der Mann schleppte geschätzte 40 Kilo zu viel an Körpergewicht mit sich herum und schien dadurch von einer gewissen Kurzatmigkeit geprägt zu sein. Es war ein heißer Sommertag und der Schweiß bildete kleine Perlen auf seiner Stirn, die er sich von Zeit zu Zeit mit einem karierten Stofftaschentuch abwischte. Ich konnte mir gut vorstellen, dass das weiße Hemd, das unter dem dunklen Anzug zum Vorschein kam, klatschnass geschwitzt war.

Wir suchten uns eine ruhige Ecke auf der großen, schattigen Terrasse und bestellten beide Apfelschorle als Durstlöscher. Ich musterte den Kandidaten ein wenig, während er ausgiebig die Speisekarte studierte.

Mir gegenüber saß ein sympathisch wirkender Mann, der trotz seiner körperlichen Fülle etwas von einem unsicheren, kleinen Jungen ausstrahlte. Vielleicht war das einer der Gründe für sein enormes Übergewicht.

Anton schien Gedanken lesen zu können.

»Ich weiß, Frau Busch, ich weiß, ich muss jetzt wirklich mehr Salat und Gemüse essen und meine körperlichen Ausmaße etwas eingrenzen. Also fange ich direkt damit an und esse nur einen Salatteller mit gegrillter Putenbrust.«

»Anton, essen Sie, was immer Sie mögen. Sie müssen sich wohlfühlen mit Ihrem Körper und es ist Ihre Gesundheit. Ich esse ein Wiener Schnitzel mit Bratkartoffeln.«

»Das ist eine Sauerei, Sie sind dünn wie ein Brett und essen solche Sachen.«

»Die Gene meines Vaters, der war auch trotz Bergen von Essen, das er in sich hineinschaufelte, ein tapezierter Knochen. Aber natürlich achte ich schon auf eine ausgewogene Ernährung und esse nicht jeden Tag Schnitzel. Aber wenn mir danach ist, dann gibt es eben panierte Lende.«

Anton lachte.

»Frau Busch, Sie und Ihre Sprüche. Das gefällt mir an Ihnen, Sie bringen die Dinge immer so schnörkellos auf den Punkt. Aber ich fühle mich wirklich zu dick. Der ganze Stress, den ich habe, und die Geschäftsessen am Abend, mir fällt es eher schwer, Maß zu halten. Außerdem habe ich vor einem Jahr mit dem Rauchen aufgehört, das hat mir auch einige zusätzliche Kilos beschert.«

Wenn Anton sprach, so tat er dies mit leiser und bedächtiger, fast schon pastoraler Stimme. Wir plauderten über unsere beruflichen Aktivitäten und ich hörte ihm gerne zu, wenn er, der Unternehmer, über seine Weltanschauung und Gedanken zum sozialen Miteinander philosophierte.

Wir gerieten in eine lange Diskussion über nachhaltige Wirtschaftspolitik, und die Zeit verging wie im Flug. Vor mir saß zweifellos ein intelligenter und charismatischer Mann. Und dennoch warnte mich etwas in mir vor Anton. Er betonte häufig, dass er ja in Deutschland nun wirklich kein Unbekannter sei und wie oft er in welchen Medien mit welchen Statements auftauche. Mich machte zudem stutzig, dass er oft von seiner Frau sprach. Er hatte mir in einer seiner unzähligen Kurzmitteilungen auf meine Nachfrage zu seinem Beziehungsstatus geschrieben, er sei geschieden.

»Sie erwähnen öfter Ihre Frau, Anton. Ich finde es schön, dass Sie beide sich auch nach der Scheidung noch so gut verstehen. Ist es nicht furchtbar, wenn Menschen, die sich einmal geliebt haben, nach einer Trennung kein Wort mehr miteinander reden?«

»Ähm, ja, Frau Busch. Also, da sprechen Sie jetzt ein wichtiges Thema an. Ich bin zum zweiten Mal verheiratet. Sie dürfen jetzt nicht böse werden, schließlich habe ich Sie nicht belogen, ich bin ja wirklich geschieden. Aber bisher nur von meiner ersten Frau. Sie hätten sich sonst bestimmt nicht mit mir getroffen. Aber meine zweite Frau und ich sind getrennt, wir haben das nur noch nicht im Außen vollzogen.«

»Was heißt ›nicht im Außen vollzogen‹? Weiß Ihre Frau denn, dass Sie beide getrennt sind? Oder wäre sie überrascht, wenn sie das erfährt? Niemand, außer Ihnen selbst, Anton, weiß davon, habe ich recht?«

»Natürlich habe ich mit meiner Frau darüber gesprochen. Warum gehen Sie mich denn so an, ich sitze doch jetzt hier mit Ihnen bei einem netten Mittagessen. Ich bin intensiv von Ihnen getoucht, Frau Busch. Bei mir ist eine Zuneigung wie ein Blitz eingeschlagen.«

»Darum geht es nicht. Sie haben mich getäuscht, und zwar bewusst. Ich hätte mich natürlich nicht mit Ihnen getroffen, wenn ich von Ihrer Ehe gewusst hätte.«

Warum können Männer (und ja, auch Frauen) nicht erst

in Ruhe ihre Beziehungen regeln und verarbeiten, bevor sie sich auf den nächsten Menschen stürzen?

»Ich muss mich ordnen. Und wenn ich mir nicht vorstellen könnte, dass Sie in der Lage sind, mein Leben auf den Kopf zu stellen, Frau Busch, dann würde ich nicht hier sitzen. Meine Frau kann viele meiner Bedürfnisse nicht erfüllen. Mit Ihnen kann ich mir das aber sehr gut vorstellen.«

Ich verzichtete auf weitere Ausführungen hinsichtlich seiner Bedürfnisbefriedigung, bedankte mich für die ausgesprochene Einladung zum Lunch und trat den Rückzug an. Für mich war die Angelegenheit damit erledigt.

Für Anton jedoch noch lange nicht. Er bombardierte mich mit Kurznachrichten, in denen er mir seine Liebe gestand, und phantasierte über bisher (angeblich) nicht gelebte SM-Praktiken. Er schickte mir Bilder, auf denen er sich zum Beispiel heiße Nadeln durch seine Brustwarzen geschoben hatte (ich konnte Gott sei Dank nicht beurteilen, ob das wirklich seine Brustwarzen waren), und er wollte gerne mein Bettvorleger und Sklave sein.

Unabhängig davon, ob sich jemand für solche Praktiken erwärmen kann oder nicht, fand ich es bizarr, dass ein Mann nach einem einzigen Treffen eine Frau mit solchen Nachrichten bombardiert. Ihm fehlte jegliche Sensibilität. Ich war mittlerweile davon überzeugt, dass Anton eine Art Doppelleben führte und ich mit Sicherheit nicht die einzige ›Dating-Frau‹ war. Er reiste beruflich sehr viel und da war es ein Leichtes, in jedem Hafen mindestens eine Lady sitzen zu haben.

Ich bat ihn höflich, von weiteren Kontaktversuchen und

Textnachrichten per SMS Abstand zu nehmen, was er leider nicht tat. Ich musste ihn schließlich – obwohl ich das im höchsten Maße albern finde – in meinem Handy sperren; er ließ mir leider keine andere Wahl. Nichts an Anton war oder wirkte leicht, alles war schwer, äußerlich, innerlich und im Umgang miteinander.

Selbst jetzt, während ich diese Zeilen einige Zeit später schreibe, fällt mir auf, wie viel Energie dieser Mann versucht hat, mir zu rauben. Es blieb zum Glück bei einem untauglichen Versuch. Rheinische Frohnaturen haut so leicht nichts vom Hocker.

Soweit ich weiß, ist er nach wie vor mit seiner zweiten Frau verheiratet und lebt mit ihr zusammen.

7. Date: freshandgentle

Nach dem drallen Meerjungen versprach Kandidat Nummer sieben zumindest körperlich verheißungsvolle Vorzüge. Er war gerade einmal halb so alt wie ich und seine Nachrichten an mich versprühten diesen leichten, säuselnden Charme, wie ihn Südeuropäer des Öfteren haben. Er konnte schnurren wie ein Kater.

freshandgentle (24 Jahre, Waage, Aszendent Waage)

»So eine hübsche und sympathische Frau. Wenn ich das so sagen darf, schöne Figur.«

»Vielen Dank, Tonio, ein nettes Kompliment.«

»Ich will dich echt kennenlernen. Ziehst du dich immer schick an? Auf deinen Bildern siehst du immer super aus.«

»Oh, noch ein Kompliment, herzlichen Dank. Nein, zu Hause laufe ich gerne im Pyjama herum.«

»Trägst du viel High Heels? Zum Glück bin ich ja groß genug, damit du immer High Heels tragen kannst. Mir gefällt sehr dein Look mit hohen Schuhen, das ist sehr sexy.«

Der Mann hatte vielleicht Sorgen. Mein Hallux valgus bekam alleine bei dem Gedanken, permanent in High Heels gequetscht zu werden, einen Krampfanfall.

Tonio war gebürtiger Spanier und hatte gerade seine

erste Anstellung nach dem Marketing-Studium angetreten. Seine 1,90 Meter waren laut zahlreich vorliegendem Bildmaterial wohltrainiert, straff und knackig. Faltenlose, bronzefarbene Haut, leicht gewelltes schwarzes Haar.

Wieder einmal fragte ich mich, was einen jungen Mann in die nicht mehr ganz faltenfreien Arme einer doppelt so alten Frau treiben konnte.

Vielleicht konnte Merlin Licht ins Dunkel bringen. Er schaute auf das Horoskop und das Bild von Tonio und schwieg zunächst.

»Das ist, mein lieber Schieber, also der sieht wirklich gut aus. Und er ist der Chef. Der kommt aus dem Löwen und besitzt eine sehr große Egozentrik. Ich, ich und noch einmal ich.«

Ich schaute Merlin an, während der langsam den Kopf schüttelte.

»Entweder seine Partner gehen freiwillig oder er schickt sie weg, nach dem Motto: ›Du bist entlassen.‹ Was zu dir eine gewisse Resonanz erzeugt, ist die Tatsache, dass er Waage und Aszendent Waage ist, du sprichst ja auf Waage-Themen wie Kreativität und Ästhetik sehr an.«

Da musste ich Merlin zustimmen. Wenn ein Mann über eine gewisse Ästhetik verfügt, kann das in meinen Augen nicht schaden.

»Dein Kandidat hat die Venus im Schützen, so dass man die Vermutung haben könnte, dass er interessant ist. Sehr clever ist er allemal und zudem ein starker Charakter.

Der hat zu seiner Mutter schon im Kindergarten gesagt: ›Mama, die Sonne scheint immer auf mich.‹ Er ist sich nicht der Tatsache bewusst, dass die anderen auch Sonne abbekommen müssen.«

Traf ich denn nur auf offensichtlich narzisstisch geprägte Männer, die ein bisschen spielen und ihr Ego befriedigen wollten? Ich dachte ernsthaft darüber nach, einfach direkt in einen mehrwöchigen Erholungsurlaub zu fahren und das Dating-Experiment abzubrechen.

Aber was, wenn ausgerechnet Kandidat Nummer zwölf der Traum meiner schlaflosen Nächte war? Wie heißt es bei Friedrich Nietzsche so schön: »Die Glücklichen sind neugierig.« Also machte ich tapfer weiter.

Tonio ließ nicht locker und meldete sich jeden Tag.

»Hallo, schöne Frau, wollen wir nächste Woche was essen gehen oder was trinken? Hast du Zeit?«

»Hi Tonio, sehr gerne. Wie schaut es am Mittwoch gegen Mittag bei dir aus?«

»Kein Problem, dann mache ich einfach länger Mittagspause. Ich freue mich. So eine nette, attraktive Frau lernt man ja nicht jeden Tag kennen und wer weiß, was sich noch entwickeln kann.«

Der Mann schien eine optimistische Grundhaltung zu haben, das machte ihn mir sympathisch.

Am Tag unseres Treffens schrieb er mir in aller Herrgottsfrühe eine weitere Textnachricht:

»Und, freust du dich? Bist du gespannt? Ich muss mich heute hübsch machen.«

Ich wollte sichergehen, dieses Mal auch wirklich einen Single zu treffen, und holte mir daher noch einmal seine schriftliche Versicherung ein. Ich hatte einen großzügigen Tag und verzichtete auf die notarielle Beglaubigung der Aussage.

»Und du bist wirklich Single?«

Die Bestätigung ließ nicht lange auf sich warten.

»Ja, auf jeden Fall. Ich sehe auch so ungefähr aus wie auf den Fotos. Nur die Haare sind etwas kürzer geschnitten. Und heute Mittag trage ich Jeans, Hemd und eine grüne Jacke.«

Grün, die Farbe der Hoffnung.

Junge Triebe, die Natur, alles wächst, blüht und gedeiht nach jedem Winter. Würde Tonio meinem persönlichen Winter, der Single-Zeit, ein Ende setzen? Würde es Hoffnung geben auf eine Explosion der Natur? Würde mit Tonio mein zweiter Frühling ausbrechen?

Als der junge Mann im Restaurant auf mich zukam, da war mir innerhalb von Sekunden klar, dass ich meinen Wintermantel nicht in den Kleiderschrank zu räumen brauchte. Vor mir stand ein spanischer Welpe, der wirklich zum Knuddeln war.

»Hallo, meine Schöne, ich bin Tonio.«

Seidiges Fell, glänzende Augen und schlanke, wohlge-
formte Beine waren offensichtlich auf der Suche nach
einer neuen Pflegestelle. Seine Mutter hatte ihn an die
frische Luft gesetzt. Sie war der Ansicht, ein Mann sei mit
24 Jahren alt genug, für sich selbst zu sorgen und in seiner
eigenen Wohnung zu leben. Außerdem verdiene er mehr
Geld als sie selbst.

»Deine Mutter hat vollkommen recht, Tonio. Und damit
wir das sofort klären, mein Lieber, du bist mir zu alt.«

Tonio, der gerade dabei war, einen Schluck Wasser aus
einem wirklich wunderschönen Kristallglas zu trinken,
zuckte zusammen, verschluckte sich und bekam einen
Hustenanfall, der sich gewaschen hatte. Dazu gestikulierte er südländisch temperamentvoll mit beiden Händen so wild in der Luft herum, dass sein Weinglas umfiel.

»Wie bitte? Ich bin dir zu alt? Ich bin 23 Jahre jünger als
du!«

Seine braunen Augen wirkten nun nicht mehr betörend,
sondern eher wütend. Ich musste unweigerlich an Gio-
vanni Trapattoni und seine legendäre Pressekonferenz
im Jahr 1998 denken. Was erlauben Buuuusch?!
    Der kleine Sonnenschein krächzte mühsam vor sich
hin und ich wedelte ihm mit der Stoffserviette frische
Luft zu.

»Ich bin gegen eine Adoption von Erwachsenen und werde nicht deine neue Mutter und Haushälterin. Lass uns einfach nett etwas essen und ein wenig plaudern.«

Tonio brauchte einige Minuten, um sich zu beruhigen. Er, der es offensichtlich tatsächlich gewohnt war, stets im Sonnenschein zu stehen, konnte mit einer Zurückweisung nur schwer umgehen. Dabei war mir der Kandidat durchaus sympathisch.

Nach einer Weile hatte er sich wieder im Griff und wir unterhielten uns über eine Leidenschaft, die wir beide teilen: reisen durch die Welt. Wir zählten gegenseitig die Länder auf, die wir bisher bereist hatten, und zeigten uns Reisefotos auf unseren Handys.

So wurde es am Ende doch noch ein ganz unterhaltsamer Mittag. Zu meiner Überraschung bestand Tonio darauf, die Rechnung zu übernehmen, und ich ließ ihn gewähren.

Er meldete sich noch eine Zeit lang mit kurzen Nachrichten bei mir und berichtete von seinen Dating-Erfahrungen mit anderen Frauen. Irgendwann hatte er endlich eine Freundin gefunden. Auf einem Flug nach Spanien servierte ihm eine Stewardess einen besonders wohlmundenden Kaffee.

8. Date: Luxussecondhand-007

Wie soll man einen Mann mit diesem Profilnamen einschätzen?

Luxussecondhand-007 (49 Jahre, Widder, Aszendent Löwe)

Die Zahlenkombination 007, die bekannte Agenten-Kennung von James Bond, tauchte häufiger in den Profilnamen der Herren auf. Was wollten sie einem damit sagen? Unterwegs in geheimer Mission (weil noch verheiratet oder liiert)? Besonders elegant und gut aussehend? Angst vor tiefen Gefühlen und eher ein flüchtiger Konsument?

Und warum ›Luxus‹-secondhand? Multimillionär? Reich geschieden? Ehefrau überlebt und ihr Vermögen geerbt? Mir gingen die wildesten Gedanken durch den Kopf.

Das Profilbild von Thomas zeigte einen freundlich wirkenden Mann ohne Haare mit schwarzer Hornbrille und schwarzem Rollkragenpullover. Das Bild ging lediglich bis zur Körpermitte und durch den schwarzen Pullover war es leider unmöglich, die weiteren Ausmaße des Herrn abzuschätzen. Das Gesicht war von normaler, ovaler Form. Aber das musste nichts heißen, ich hatte mittlerweile gelernt, dass ein verschluckter Basketball unter jedem Gesicht lauern kann.

Merlin lag mit schwerer Grippe flach und so musste ich mich ohne astrologischen Beistand dem Kandidaten nähern. Grundsätzlich stimmte mich sein Sternzeichen

Widder optimistisch, zwei Feuerzeichen vertragen sich nach meiner Erfahrung ganz gut.

Seine Nachricht an mich weckte jedoch leicht widersprüchliche Gefühle in mir.

Sehr geehrte Frau Corinna,
hiermit möchte ich mich um die offene Stelle in Ihrem Umfeld bewerben.

Mit Interesse las ich die Beschreibung und konnte mir anhand Ihrer Fotos einen ersten, angenehmen Eindruck verschaffen.

Meine Vita umfasst mehrere Felder, die ich gerne wie folgt umreißen möchte.

Ich bin im junggebliebenem Alter von 49 Jahren, männlich und die tatsächliche aktuelle Größe beträgt 184 cm. Früher einmal blond von Natur aus (haartechnisch gesehen) trage ich nun einen breiten Scheitel.

Um meine Umgebung und Sie gestochen scharf wahrzunehmen, benutze ich fein geschliffene Gläser, die umfasst von einem Verbundstoff aus Horn (Rest weiß ich nicht) auf meiner Nase sitzen. Das Bild anbei gibt einen ersten Gesamteindruck wieder (wenn nicht von Ihnen schon gesichtet).

Das aktuelle Gewicht beträgt 89 kg, was mehrheitlich aus Muskeln besteht (klar ...) ;-).

Um diesen Traumkörper in Form zu halten, begebe ich mich des Öfteren in ein nahegelegenes Fitnessstudio, um so die Muskeln zu stählen.

Mit nahegelegen meine ich den Nachbarort von der wunderschönen Stadt Heidelberg, in der ich meine Ein-Zimmer-Residenz habe.

Beruflich zieht es mich schon eine geraume Zeit lang kreuz und quer durch Deutschland. Und es ist noch kein Ende in

Sicht. Mein Rhythmus ist: sonntags Start von zu Hause, donnerstags zurück. Übernachtungen werden im Hotel getätigt.

Was ich beruflich mache?

Nun, ich bin erfolgreicher SAP-Berater in einer Handelsgruppe. Wenn Ihnen das etwas sagt, SAP-Berater, klasse! Wenn nicht, so schlimm ist das auch nicht. Wenn Sie allerdings nähere Fragen zu meinem Beruf haben, ich stehe Ihnen gerne persönlich zur Verfügung.

Es gibt natürlich auch Side Effects in meinem Leben. Fangen wir mit den positiven an: Ich habe zwei Jungs.

Negativ: Sie wohnen nicht bei mir, sondern bei der Mutter, mit der ich momentan im Scheidungskrieg bin. Alle drei leben nicht in Heidelberg, sondern im ehelichen Haus kurz hinter Heidelberg. Details spare ich mir, es gilt aber auch hier das Angebot meiner Person zum persönlichen Gespräch, um Näheres zu erfahren.

Außer Arbeit und allen anderen Unannehmlichkeiten versuche ich Entspannung bei Sport, durch Besuche bei Freunden (Freunde sind ganz wichtig!), im Kino, beim Lesen oder einfach nur locker Abgammeln vorm Fernseher zu erreichen. Ab und zu ein gutes Essen tut's auch.

Im Sommer bin ich öfters mit dem Mountainbike unterwegs, was für mich neben Entspannung auch unheimlichen Spaß bedeutet!

Hat Sie nun, liebe Frau Corinna, mein Bewerbungsschreiben tief beeindruckt, dann würde ich mich über ein persönliches Vorstellungsgespräch sehr freuen.

Termine kann ich am besten montags bis mittwochs wahrnehmen.

Auf eine positive Antwort von Ihnen hoffend, verbleibe ich mit freundlichem Gruß, Thomas.

Ich hatte meine liebe Mühe, in seinen Zeilen die ›Luxus‹-Komponente seines Profilnamens wiederzufinden, der Secondhand-Aspekt kam jedoch deutlich bei mir an. Ich war dem Kandidaten wirklich dankbar, dass er mir Details zu seinem derzeitigen Scheidungskrieg erspart hatte.

Der Mann erschien mir noch ziemlich mitgenommen von der Schlacht kurz hinter Heidelberg. Und obwohl ich nach dem Jurastudium eine Ausbildung als Mediatorin durchlaufen habe, hielt sich mein Elan, vermittelnd das Schlachtfeld zu betreten, in überschaubaren Grenzen. Ich habe beruflich genug damit zu tun.

Auf der anderen Seite hatte Thomas von allen Kerlen die mit Abstand längste Nachricht an mich verfasst, und das musste belohnt werden.

Sehr geehrter Herr Thomas,
ich bedanke mich ganz herzlich für Ihr engagiertes Bewerbungsschreiben!
Ich kann Ihnen die erfreuliche Mitteilung machen, dass Sie es in die nächste Runde geschafft haben. Sie wurden für ein erstes Kennlerngespräch in den Kaffee-Slot einsortiert.
Zur weiteren Terminabstimmung wenden Sie sich bitte sehr gerne per Kurznachricht an mich.

»Oh Mann, ich kann's nicht glauben, dass ich das tatsächlich alles geschrieben habe und du das offensichtlich auch noch gelesen hast. Hast du übermorgen denn Zeit für einen gemeinsamen Kaffee? Das würde mich echt sehr freuen. Mach doch einen Vorschlag, wo du gerne hingehen möchtest. Viele Grüße, Thomas.«

Wir verabredeten uns für den übernächsten Tag in einem kleinen Café. Ich war zehn Minuten vor der vereinbarten Zeit dort und ergatterte den letzten freien Tisch in der Sonne. Dann bestellte ich einen Cappuccino und wartete.

Und wartete. Und wartete.

In der hinteren Ecke der Terrasse hatte es sich ein bekannter Sportler bequem gemacht. Er rauchte zu meiner Überraschung wie ein Schlot und las offensichtlich hoch konzentriert eine Tageszeitung, die Stirn zeigte jedenfalls beachtliche Furchen. Vielleicht überzeichnete meine Sonnenbrille mit der neu angepassten Sehschärfe das Bild aber auch. Alles sah groß, scharf und nah aus.

Als ich so dasaß und auf Thomas wartete, den Sportler vor der Nase, da gingen mir einige Episoden durch den Kopf, die ich mit meinen prominenten Klienten in den letzten 20 Jahren erlebt habe.

Ein bekannter Schauspieler zum Beispiel reiste kreuz und quer durch die Welt und kam nur zum Wechseln der Kleidung kurz nach Hause. Die Wohnung und zwei Kater wurden in seiner Abwesenheit von seiner Haushaltshilfe betreut. Der Schauspieler wohnte auf über 250 Quadratmeter, verteilt über drei Etagen und viele Zimmer.

Eines Tages kam er von einer seiner Reisen zurück, ich holte ihn am Flughafen ab und wir fuhren zu seiner Wohnung. Seine Haushaltsfee öffnete uns die Tür. Erschrocken bemerkten wir, dass der komplette rechte Arm der Frau verbunden war. Mein Klient ließ alle Taschen fallen und umarmte seine Haushaltsfee.

»Oh nein, Anna, was ist passiert?«

»Moritz hat mich gebissen und total zerkratzt.«

Mein Klient und ich schauten uns irritiert an. Die beiden Kater Max und Moritz waren schon älter und die Ruhe selbst, wir konnten uns das Verhalten von Moritz beim besten Willen nicht erklären. Mein Klient gab der Frau sofort für ein paar Tage frei, um sich zu erholen. Die Fee schnappte sich ihre Tasche und war innerhalb von wenigen Sekunden aus der Wohnung verschwunden.

Der Schauspieler hatte ein großes Herz und ihn plagte das schlechte Gewissen. Sein Kater hatte die arme Frau gebissen. Er überlegte hin und her und hatte schließlich die Idee, für die Frau ein schönes Geschenk zu kaufen und es ihr nach Hause zu bringen. Gesagt, getan.

Ich begleitete ihn zur Wohnung seiner Haushaltsfee. Die Mutter der Fee öffnete uns die Tür und schien nicht sonderlich begeistert zu sein, den Schauspieler zu sehen. Sehr zögerlich bat sie uns herein und ließ uns im Wohnzimmer Platz nehmen, während sie nach ihrer Tochter rief.

Ich blickte mich im Wohnzimmer um. Irgendwie kamen mir einige der Einrichtungsgegenstände bekannt vor. Ich stupste meinen Klienten an und deutete auf eine Kommode.

»Sag mal, hast du nicht auch so eine Skulptur bei dir zu Hause stehen?«

Mein Klient stutzte, stand auf und ging zu der Skulptur. Dann hob er sie hoch und schaute sich den Boden der kleinen Statue genau an.

»Ich glaube, ich spinne, das ist meine Skulptur, auf dem Boden steht nämlich eine Widmung für mich.«

»Und schau mal dahinten, dieses Bild, hat dir das deine Mutter nicht mal zu deinem Geburtstag geschenkt? Und die Wassergläser auf dem Esstisch kommen mir auch bekannt vor.«

Ich stand auf und öffnete die Glasvitrine. Der Inhalt gehörte in weiten Teilen meinem Klienten.

Die gute Fee war in Wahrheit eine Hexe. Sie hatte nach und nach Gegenstände im Wert von über 40.000 Euro aus der Wohnung meines Klienten in ihren eigenen Haushalt integriert.

Mein Klient war tief getroffen, er hatte der Frau blind vertraut. Am meisten erschütterte ihn jedoch, dass er den Verlust seiner Sachen nicht einmal bemerkt hatte. Er lebte in solch einem Überfluss, dass ihm ein paar Bilder oder Gläser weniger nicht aufgefallen waren.

Mein Cappuccino war mittlerweile leer und von Thomas weit und breit nichts zu sehen. Ich schickte ihm eine Kurznachricht mit der Frage, ob er mich heute noch mit seiner Anwesenheit erfreuen würde. Ich habe nie wieder etwas von ihm gehört.

9. Date: Sondermodell66

Der nächste Kandidat entpuppte sich als kapriziöses Schwergewicht. In seinem ersten Anschreiben an mich stand in der Betreffzeile »Sondermodell & TOP-Manager« mit dem Hinweis auf sein Profil in einem beruflichen Netzwerk. Das fand ich so bizarr, dass er es unter die zwölf Finalisten schaffte. Den Herrn musste ich mir persönlich anschauen.

Sondermodell66 (49 Jahre, Schütze, Aszendent Waage)

Auf seinem Bild im Dating-Portal war er lediglich verschwommen bis zum Brustbereich zu sehen, aber mir schwante eine Basketball-Zwillingsschwangerschaft in der Körpermitte.

Merlin schaute kurz auf das astrologische Profil des Kandidaten.

»Der Mann bewegt sich zwischen Licht und Schatten. Ein forscher und zäher Typ, absolut auf Erfolg programmiert. Der Herrscher seines Partnerhauses ist der Mars und der Mars steht bei ihm selbst – keiner ist so gut wie er und keiner wird seinen Maßstäben gerecht.

Er findet schnell an Menschen etwas auszusetzen. Er dürfte mit Beziehungen seine Schwierigkeiten haben, denn seine Dominanz ist enorm. Der nächste Egomane. Er hat auch einen weichen Anteil, aber große Angst davor, dass das jemand erkennt. Seine Provokationen sind oft nur ein Schutz vor Verletzungen.«

Reiner schrieb mir nur wenige, nichtssagende Zeilen über sich und bat um meine Handynummer, »damit man leichter ein Date vereinbaren könne«, so seine pragmatische Begründung. Ich war mittlerweile vollkommen schmerzbefreit und konnte seine Kurzmitteilungen kaum abwarten.

»Liebe Corinna, danke für dein Vertrauen, ich freue mich sehr.«

»Hallo Reiner, warum ist dein Bild im Dating-Portal eigentlich so undeutlich? Und hier im Kurznachrichten-Kanal zeigst du als Profilbild eine Villa, vermutlich in der Toskana gelegen.«

»Ich möchte mich nur den Frauen zeigen, die mir gefallen.«

»Interessant. Brauche ich Beruhigungsmittel, bevor ich dein Antlitz studiere?«

Diese Antwort war für den Herrn TOP-Manager offensichtlich zu keck.

»Nein, mit meiner Optik ist es nicht schlimm, sondern hervorragend bestellt. Bei deiner bin ich mir noch nicht sicher.«

War das nicht ein charmantes Kompliment des TOP-Managers?

»Nun, von mir gibt es auf meinem Dating-Profil zwei Bilder.«

»Darf ich fragen, in welcher Stadt du wohnst? Und bitte schick mir noch zwei Bilder von dir, Ganzkörperaufnahme und seitliches Profil.«

Der Mann betrieb offensichtlich Online-Shopping der besonderen Art. Da mein erklärtes Ziel ein persönliches Treffen mit dem Kerl war, begab ich mich für zehn Minuten in den Sonnengruß, atmete tief durch und kehrte voller positiver Energie an meine Schreibtastatur zurück. Ich blieb zuckersüß, selbst als er wirklich beleidigend wurde.

»Ich lebe im Rheinland und in München. Mehr Bilder von mir zeige ich dir gerne persönlich bei einem Mittagsessen.«

Ich bemerkte meinen Schreibfehler beim Wort ›Mittagessen‹ und korrigierte diesen in einer nächsten Kurznachricht. Seine Antwort kam prompt:

»Für deine Dummheit in Rechtschreibung kannst du ja vielleicht nichts. Also gut. Ich bin nächste Woche in Köln. Da könnte ich ein Treffen einrichten. Aber nur abends. Tagsüber bin ich durchgehend in Meetings.«

Bei der Vorstellung, mit diesem Charmebolzen meine kostbare abendliche Zeit verbringen zu müssen, bekam ich augenblicklich nervöse Zuckungen. Meine Abende sind mir wirklich heilig.

Ich liebe es, zu kochen, aber für eine Person ist mir der Aufwand manchmal zu groß. Wenn ich keine Termine oder Verpflichtungen habe, dann gehe ich gerne früh (da der Lunch bei mir meistens ausfällt) in Restaurants, lasse den Tag Revue passieren, genieße gutes Essen und beobachte Menschen. Manchmal belausche ich auch Dialoge am Nachbartisch und schreibe darüber Kurzgeschichten (die aufmerksame Leserin/der aufmerksame Leser kam an früherer Stelle in diesem Buch bereits in den Genuss einer meiner Lauschangriffe).

Ich schlug dem TOP-Manager also eines der teuersten Restaurants in Köln als Treffpunkt zum Dinner vor und beschloss, mein Portemonnaie an diesem Abend zu Hause zu vergessen. Er akzeptierte zu meinem Erstaunen ohne weitere Diskussion.

Am Tag unseres vereinbarten Treffens meldete sich Reiner morgens per Textnachricht und bestätigte den Dinner-Termin für den Abend. Es klang ein wenig nach einer Kundenbestätigung für den Hostessen-Service. Ich hatte extra noch meinen Body neu vermessen lassen, um auf Nachfrage sofort meine aktuelle BH-Körbchengröße (schwankt je nach Gewicht), Länge meiner Beine sowie Taillenumfang durchgeben zu können. Aber es wurden keine weiteren Daten vorab abgefragt.

Wahrscheinlich wehrte sich mein Unterbewusstsein mit aller Macht gegen ein Treffen mit dem TOP-Manager. Zehn Minuten nach der vereinbaren Zeit hechtete ich ins Restaurant und fragte hektisch nach einer Reservierung auf den Namen Reiner. Erst jetzt entdeckte ich, dass der TOP-Manager mir getextet hatte, dass er sich leider um eine halbe Stunde verspäten werde. Ich sicherte mir einen Platz auf der Bank mit Blick ins Restaurant und wartete.

Freue dich deines Lebens, es ist schon später, als du denkst.

Mache einem Menschen Freude und es beglückt dein eigenes Herz.

Ich hatte einige Tage zuvor nach vielen Jahren mein altes Poesiealbum wiedergefunden und war erstaunt über die darin verewigten Sprüche. Der rote Einband mit kleinen weißen Punkten und einer süßen aufgestickten Ente war ziemlich abgenutzt, die einzelnen Seiten hingegen gut erhalten. Das Album lag noch in meiner Handtasche und so blätterte ich ein wenig darin.

Wenn dich böse Buben locken, bleib zu Haus und stopf die Socken.

Vielleicht hätte ich besser auf den weisen Spruch meiner alten Schulfreundin Heike hören sollen, obwohl ich keine Socken stopfen und mir kaum etwas Langweiligeres vorstellen kann. Die anzunehmende Tristesse beim Sockenflicken wird für mich nur noch durch einen Umstand übertroffen: mehr als 30 Minuten auf einen TOP-Manager zu warten.

45 Minuten nach der vereinbarten Zeit rollte der Tsunami auf mich zu. Ungebremst, mit ganzer Wucht knallte er auf einen zarten, braunen Holzstuhl, der daraufhin zusammenbrach. Das nenne ich mal einen Auftritt.

Der TOP-Manager rettete seine geschätzten 120 Kilo Lebendgewicht mit erstaunlicher Schnelligkeit vor dem endgültigen Aufprall auf den wunderschönen schwarzweiß gefliesten Kachelboden, indem er sich an einem vorbeieilenden Ober festhielt. Der wiederum fand Halt an einem gut gefüllten Käsewagen, der neben ihm stand.

Der Käsewagen wackelte und hatte leider die, pardon, Arschkarte gezogen. Denn er fand nichts, an dem er sich hätte festhalten können, und kippte um. Der gesamte Käse verteilte sich im Radius von gefühlten zehn Metern auf dem schönen Restaurant-Kachelboden und dem rechten Hosenbein des TOP-Managers.

Ich kenne mich mit Käse nicht besonders gut aus und weiß nicht, welcher von den kleinen runden Freunden dafür verantwortlich war – aber es roch auf einmal recht streng, und appetitlich sah das alles auch nicht aus.

Dank dieser absolut filmreifen Szene hatte sich für mich der Abend bereits gelohnt.

Der TOP-Manager nahm mit rotem Kopf auf dem ihm ersatzweise zur Verfügung gestellten Stahlrohrstuhl Platz und bestellte in herrischer Manier ein Glas Rotwein. Dann rief er den Restaurant-Manager an den Tisch und beschwerte sich über die »scheiß Stühle«. Er hätte sich den Hals brechen können und sein Anwalt würde rein vorsorglich einmal Schadenersatzansprüche prüfen, auch bezüglich seines Designeranzugs, der jetzt nach Käse stinken würde.

Dann schaute er mich an.

»Was machst du eigentlich auf einem Dating-Portal, du siehst doch ganz manierlich aus und hast sogar Jura studiert, wie ich im Internet gelesen habe.«

Ich beugte mich ein wenig (nicht zu nah, Käsegeruch) zu ihm über den Tisch herüber und sprach langsam, mit leiser Stimme:

»Ich schreibe ein Buch über meine Dating-Erfahrungen mit Typen wie dir. Die Filmrechte habe ich vorab bereits verkauft und hinten in der Ecke ist eine Kamera installiert, die deine Käseeinlage aufgenommen hat. Ich denke, du wirst Teil des Kinotrailers. Das war wirklich eine einmalige Vorstellung von dir, der Produzent wird begeistert sein.«

Die Augen des TOP-Managers wurden ganz schmal.

»Du verarschst mich doch, oder? Ich weiß, dass du eine Medien-Tussi bist, aber das ist jetzt nicht dein Ernst!«

»Die Kamera war eine Erfindung, das Buch schreibe ich tatsächlich.«

»Du bist ja völlig irre. Ich warne dich, sollte ich irgendetwas über mich in deinem Buch lesen, dann bist du dran. Meine Anwälte machen dich fertig.«

Wieder einmal stand ich auf und ging.

Am nächsten Tag erhielt ich eine Kontaktanfrage eines anderen TOP-Managers in einem beruflichen Netzwerk. In seinen Kontakten war Reiner zu finden. War es ein Zufall, dass ein Bekannter von Reiner mich einen Tag nach unserem Date als Kontakt anfragte? Wollte er auf meiner beruflichen Profilseite (im Auftrag des Dating-Kandidaten?) herumstöbern? Reiner schienen wirklich die Nerven durchzugehen. Sein Profil auf der Dating-Website war gelöscht.

Ich überlege immer noch, von welchem Schauspieler Reiner bei einer Verfilmung dieses Buchs dargestellt werden könnte. Vielleicht sollte man den TOP-Manager einfach zum Casting einladen.

10. Date: BuddyLove

Ich war mittlerweile auf Tabletten. Vitamin B12. Nachts schlief ich auf einem Baldriankissen und in den Überzug meiner Bettdecke hatte ich einige Lavendelsäckchen gestopft. Diese und weitere rein naturheilkundliche Anwendungen führten zu einem komaähnlichen Schlaf, den ich gut gebrauchen konnte.

Die Käse-Episode hatte mich erneut an den Rand der Kapitulation in meinem Dating-Experiment gebracht. Es lagen noch drei Zettel auf dem Boden. Der Erfinder Thomas Alva Edison sagte einmal, dass unsere größte Schwäche im Aufgeben liegt und der sicherste Weg zum Erfolg immer ist, es noch einmal zu versuchen.

Also zog ich den nächsten Kandidaten.

BuddyLove (54 Jahre, Stier, Aszendent Steinbock)

Die Bilder zeigten einen 1,75 Meter großen Mann mit dunklen, leicht gewellten, halblangen Haaren, der im Segler-Look unterwegs war. Weiße oder beigefarbene Hosen wurden im Wechsel mit roten oder roséfarbenen Poloshirts und Turnschuhen kombiniert. Sein Gesicht war gut gebräunt, die Figur wirkte sportlich und trainiert. Als Beruf gab er Hochschullehrer an.

Als ich seine Nachricht an mich las, habe ich länger darüber nachgedacht, welcher Fakultät er wohl angehören mochte.

»Hallo Conny, hier ist Sven. Keine Ahnung warum, aber erst dachte ich, du heißt Cora. Und irgendwie habe ich bei Cora

gleich an Porno gedacht. Keine Ahnung warum. Aber fürs Pro-
tokoll, das ist nicht der Grund, warum ich dir schreibe, sondern
dein inspirierendes Profil hier. Warum ich bei deinem Namen
an Porno gedacht habe, kann ich mir wirklich nicht erklären,
denn ich bin in der Ecke überhaupt nicht unterwegs. Also der
Porno-Ecke. Wobei ich schon auch für mein Leben gerne ge-
nieße, aber dann eher nicht aus der Konserve. Beim Essen ist
das situationsbedingt schon einmal anders.

Dass du was draufhast (meinte er das im Hinblick auf die
Porno-Ecke?), *das kann ich jetzt schon beurteilen. Ich glaube,*
du bist eine herausfordernde und geistreiche Frau. Gib mir doch
einmal eine Momentaufnahme von deinem bisherigen Tag und
sag mir, was du gerade so machst, was du vor sechs Stunden ge-
tan hast und was du in sechs Stunden tun wirst (ich verzichte
an dieser Stelle auf eine Deutung der Zahl sechs). *Und*
dann sag mir, ob es dich auf einer Skala von 0 (beschissen) *bis*
10 (orgasmisch) *begeistert beziehungsweise ob du es gerne tust.*

Bei mir sieht das so aus: Ich zum Beispiel bin heute aufge-
wacht und hab mich wieder hingelegt (6). Dann bin ich am
Rechner gesessen und habe mir überlegt, was wohl alles von
mir getan werden muss, um die Dame, deren beiden Fotos ich
gerade betrachtet habe (10), für mich gewinnen zu können. Nun
stelle ich gerade das Gutachten einer Studierenden fertig (3).
Aber andere Aspekte (welche?) *meines Jobs sind echt eine 9,*
nahe an orgasmisch, meine Studierenden denken wahrschein-
lich manchmal echt, ich habe sie nicht alle (dieser Gedanke
könnte sich einem durchaus aufdrängen).«

Während ich mir immer noch überlegte, welche Univer-
sität mit BuddyLove das ganz große Los gezogen hatte,
kam bereits die nächste Nachricht:

»Mein Herz schlägt weiter ... Blutdruck steigt ... Fragen formen sich ihren Weg durch nebelige Hirnmasse ... ich will dich ... bis vorhin war ich auf der Suche ... jetzt geht es daran, die nächsten Schritte zu stürmen ... schütte Öl ins Feuer ... oder brems mich aus ... bin grad echt emotional ... du hast dich dermaßen in meine Wahrnehmung gebracht, dass ich jetzt mal kalt duschen gehen muss ... finde es ziemlich doof, dass du weiter weg wohnst ... ich muss noch mal kalt duschen gehen ... wegen dir bricht hier noch die Wasserversorgung zusammen ... ich stelle fest, dass du mich faszinierst ... deine Haut ... dein Geruch ... dein perfekt geformtes frauliches Becken würde ich anbeten, wenn meine Hände es denn umfassen dürften ... o. k., habe gerade schnell ein Glas Rotwein getrunken, da werde ich gesprächig. Bin übrigens kein Weirdo oder Stalker. Wann treffen wir uns?«*

Habe ich etwas verpasst? Gibt es mittlerweile Internet mit Dufterkennung? Der Mann hatte mich noch nie getroffen und war fasziniert von meinem Geruch?

Ich machte mir ernsthafte Sorgen um unsere Studentinnen und Studenten. Auf einmal verstand ich auch, woher sein Dating-Nickname »BuddyLove« kam. In dem US-amerikanischen Film »Der verrückte Professor« mit Jerry Lewis in der Hauptrolle verwandelt sich ein eher unscheinbarer Professor mit Hilfe chemischer Substanzen in den attraktiven, aber auch überheblichen Macho Buddy Love.

Mir kam spontan die Idee, die zehn bisher von mir gedateten Kandidaten gemeinsam auf eine einsame Insel zu evakuieren, aber ich beschloss, damit bis zum Schluss zu warten.

Merlin wurde unerwartet zu einer Konferenz eingeladen und so musste ich ein weiteres Mal ohne astrologischen Beistand ein Date bewältigen. Stier und Schütze gelten nicht unbedingt als ideale Kombination. Mit einer Schützin wie mir kann sich ein Stier schneller, als ihm lieb ist, mitten in der Kalahari-Wüste auf Entdeckungstour wiederfinden, während er vielleicht lieber zu Hause in seinem Blumengarten auf einer Bank sitzen würde.

Davon abgesehen hatte mich Mr. Weirdo, wie er sich selbst bezeichnet hatte, mit seiner Prosa bisher nicht für sich einnehmen können. Aber vielleicht war Sven ja in Wirklichkeit ein ganz patenter Kerl? Also gab ich ihm offline eine Chance. Dies schien ihn gleichermaßen sowohl zu erleichtern als auch zu erfreuen.

»Schön, dass du dich nicht abschrecken lässt. Damit muss Frau umgehen können, dass mich meine Begeisterung auch gerne einmal wegträgt und ich das richtige Maß aus den Augen verliere. Aber Emotionen sind die Würze des Lebens.«

Wir verabredeten uns in einem englischen Kaffeehaus zum ›Five o'Clock Tea‹. Am Tag des Treffens schickte Sven morgens um 10:12 Uhr folgende Nachricht:

»Guten Morgen, Conny, geht es dir gut? Ich freue mich auf unser Treffen später.«

»Guten Morgen, Sven, danke, mir geht es bestens, ich hoffe, dir auch. Ich werde pünktlich im Café sein.«

Um 10:37 Uhr kam seine nächste Nachricht:

»*Das Date ist noch aktuell?*«

»*Hallo Sven, also bei mir hat sich in den letzten zwanzig Minuten nichts geändert.*«

»*Schön, Conny, das freut mich.*«

Um 12:46 Uhr meldete er sich erneut:

»*Hallo Conny, ich möchte unser Treffen absagen. Ich bin noch mal in mich gegangen und zu dem Entschluss gekommen, dass die Entfernung zwischen uns zu groß ist. Liebe Grüße, Sven.*«

Ich zeigte aufrichtiges Verständnis für seine Entscheidung, bedankte mich für die Nachricht und wünschte ihm alles Gute.

13:50 Uhr folgte eine weitere Kurznachricht von BuddyLove:

»*O. k., darf ich meine Entscheidung korrigieren? Ich möchte mich doch nachher mit dir treffen. Der Tag heute ist sehr gut, um sich zu treffen. Es ist meine freie Entscheidung und es ist auch nicht kompliziert oder schwierig für mich, dorthin zu kommen. Ich habe die Zeit ja extra für dich reserviert.*«

Vielleicht sollte ich doch umgehend die Evakuierung auf eine einsame Insel einleiten.

14:00 Uhr Kurznachricht von BuddyLove:

»*Treffen wir uns dann vor dem Café? Oder wie erkenne ich dich im Café? Bildzeitung auf dem Tisch?*«

»*Ich werde laut singen, Sven. Und ich warte nicht vor dem Café, ich gehe einfach hinein und setze mich hin.*«

»*Was, singen? Oh nein, bitte nicht, das ist zu auffällig.*«

14:20 Uhr, Kurznachricht von BuddyLove:

»*Conny, kann man vor dem Café parken?*«

»*Einen eigenen Parkplatz hat das Café nicht, aber auf der Straße sind genügend Parkbuchten.*«

14:45 Uhr, Kurznachricht von BuddyLove:

»*Hallo Conny, ich höre gerade, da ist ein großer Stau auf der Strecke. Ich muss unser Treffen leider doch absagen.*«

Ich nutzte die gewonnene Zeit und begann mit meiner Recherche über einsame, unbewohnte Inseln.

11. Date: doublevision

Ich betrachtete die beiden verbliebenen Zettel auf dem
alten Holzdielenboden in meinem Büro und spielte »Ene,
mene, muh – und raus bist du«. Mein Zeigefinger blieb
über dem links liegenden Papierschnipsel stehen.

Völlig ermattet starrte ich minutenlang auf den Fußbo-
den und konnte mich nicht dazu überwinden, den Zettel
aufzuheben. Zur Sicherheit probierte ich es noch mit »Ich
und du, Müllers Kuh, Müllers Esel – der bist du«. Wieder traf es den linken Zettel und ich ergab mich meinem
Schicksal.

**doublevision (51 Jahre, Steinbock, Aszendent Wasser-
mann)**

Das Bild zeigte einen sehr attraktiven Mann. Argentinier,
jedoch in Deutschland aufgewachsen. Kurzes, leicht gewelltes schwarzes Haar, grüne Augen, eine erfreulich
normale, sportliche Figur, verteilt auf eine Körpergröße
von 1,88 Meter. Er hatte mehrere Firmen im Weingroß-
handel aufgebaut und reiste permanent durch die Welt.
Ein international erfolgreicher Unternehmer. Warum er
online mit Damen anbandelte? Mir schwante nach meinen ganzen bisherigen Erfahrungen warum.

Astrologe Merlin war durchaus angetan vom vorletzten
Kandidaten.

»Ein charismatischer und kommunikativer Mann, der
sich auch durch seine hohe Intelligenz und schnelle Auf-

fassungsgabe auszeichnet. Ein sehr unabhängiger Typ, der sich aber alle Mühe gibt, seiner Familie gegenüber loyal und treu zu sein. Ich könnte mir denken, dass er zwei Leben lebt. Für das ein oder andere weibliche Abenteuer dürfte er durchaus zu haben sein. Bist du sicher, dass er Single ist?«

Diese Frage konnte ich nicht beantworten. Auf der Dating-Profilseite von Tito war die Frage »Wünschst du dir eine neue Beziehung?« mit »vielleicht« beantwortet. Mittlerweile hatte ich gelernt, dass Männer in ihren Träumen offensichtlich Lebensentwürfe verfolgen, die mit der Realität nicht das Geringste zu tun haben.

»Der Mann hat wirklich Power und Hindernisse werden umgehend aus dem Weg geräumt. Wie ein Vertreter, wenn du den vorne zur Tür rausschmeißt, dann kommt der fünfmal durch die Hintertür wieder herein. Und wenn sein Unternehmensschiff gegen die Hafenmauer fährt, dann gibt der Vollgas und fährt über einen Hügel in den nächsten Ozean. Ich bin gespannt, wie euer Treffen verläuft.«

Die Nachrichten von Tito zeichneten sich durch ein deutsches, spanisches und englisches Sprachengemisch aus und waren erfreulicherweise kurz.

»Hey Conny, how are you doing? Ich bin not a big writer, lass uns doch ein schönes Glas Wein bald nehmen und etwas essen. I'm not a fancy guy, brauche keine Sterne, einfach gute Küche und lustige Menschen um uns. Was meinst du? Muchos besos, Tito.«

Nach BuddyLove ein schnörkelloser Mann der Tat. Das hatte etwas Erfrischendes. Ich war aufgrund eines neuen Projekts in einer intensiven Reisephase und kam im Grunde nur zum Wäschewechseln nach Hause.

»Hi Tito, gerne auf ein Glas Wein. Ich bin im Moment beruflich viel unterwegs, wie sieht denn dein Terminkalender aus?«

»Hi Conny, flying to Buenos Aires for six days. And you?«

»Lucky you! I'm flying to Los Angeles for five days tomorrow.«

»Lucky you! O. k., c u after you and I return, o. k.? Muchos besos.«

»O. k.«

Zehn Tage später meldete sich Tito per Kurznachricht.

»Hi Conny, sorry, war länger in Buenos Aires, wie schaut es spontan heute Abend mit einem Drink aus?«

»Ich bin leider noch in Zürich. Wie sieht es denn nächste Woche Mittwoch oder Donnerstag aus?«

»Da bin ich in Wien und will be back late at night. But Friday?«

»Da fliege ich nach London. Aber die Woche darauf Dienstag?«

»Ah shit, I have to go to Kapstadt then. Aber nur drei Tage. Saturday night?«

»I'll be in Prag then. Back Sunday. Monday evening?«

»Bankessen mit Business-Partnern in Zürich.«

So ging das fast vier Wochen und wir amüsierten uns beide über unseren pseudo-kosmopolitischen Lifestyle. Es war wie verhext, aber es gab keinen Tag, an dem wir beide im selben Land waren. Eine Beziehung mit jemandem wie Tito zu führen hätte wahrscheinlich glänzende Aussichten, ein Leben lang zu halten, denn man würde sich höchstens fünfmal im Jahr sehen.

Schließlich fanden wir einen Abend, an dem wir beide im selben Land waren und keine Termine hatten. Auf der Fahrt zu dem italienischen Bistro, in dem wir uns treffen wollten, textete Tito im Minutentakt, an welcher Straßenecke sein Taxi gerade vorbeigefahren war. Passionierter Weintrinker, der er laut eigener Aussage war, kam er zu abendlichen Terminen immer mit dem Taxi. Er rief zu einem Wettrennen auf und schlug vor, dass derjenige die Restaurantrechnung übernehmen sollte, der als Letzter vor Ort eintreffe. Da ich nicht in einem Taxi, sondern in meinem Auto am Steuer saß, konnte ich ihm nicht antworten. Ich sah lediglich seine Nachrichten auf dem Handy-Display, das mir gleichzeitig als Navigationsgerät diente, aufleuchten.

Als ich im Bistro eintraf, saß Tito bereits auf der Sitzbank mit Blick in den Raum und strahlte mich an. Ich legte meinen Kopf leicht zur Seite und musterte ihn ein wenig. Meine gespielt strenge Geste wirkte; der Kandidat sprang sofort von seinem Platz auf und umarmte mich zur Begrüßung.

»Hello Conny, ich habe zwei gute Nachrichten für dich. Ich wechsle sofort den Platz und überlasse dir natürlich die freie Sicht auf alles und jeden. Und ich übernehme selbstverständlich auch die Rechnung. I made a joke. Sollte ich jemals erwarten, dass du die Rechnung übernimmst, wenn wir zusammen essen gehen, dann kannst du sofort die Kerle in den weißen Mänteln rufen. Dann stimmt etwas nicht mit mir. I'm old school.«

Ich nahm ihm das wirklich ab. Vor mir stand der erste Dating-Kandidat, der offline besser aussah als online. Eine südamerikanische Charme- und Charisma-Offensive mit eins a polierten Zähnen. Der dunkelgraue Anzug saß perfekt und wirkte dennoch lässig. Das fliederfarbene Hemd war enganliegend und die obersten drei Knöpfe hatten ihren freien Abend. Seine Kleidung, die Schuhe, die Uhr, alles unzweifelhaft teure Designerware, aber an ihm wirkte es nicht übertrieben aufgesetzt oder protzig, sondern eher elegant. Trotz seines Reichtums machte er einen bodenständigen Eindruck, war sich seiner Wirkung aber durchaus bewusst.

Tito zog den Tisch ein kleines bisschen vor, so dass ich leichter auf der Bank Platz nehmen konnte, rückte den Tisch wieder ordentlich zurecht und nahm dann selbst auf dem Holzstuhl Platz. Schweigend studierten wir die überraschend umfangreiche Speisekarte und wählten die gleiche Vor- und Hauptspeise.

»Na, Darling, das ist ein gutes Zeichen, wir scheinen einen ähnlichen Geschmack zu haben.«

Seine dunkle Stimme hatte einen weichen, südamerikanisch akzentgefärbten Klang und unterstrich seine charismatische Ausstrahlung. Ich konnte mir gut vorstellen, dass er damit in der Damenwelt großen Erfolg hatte. Das gesamte Paket war einfach zu gut: attraktiv, angenehme Umgangsformen, dazu noch ein erfolgreicher und vermögender Geschäftsmann mit Wohnsitzen in mehreren Ländern.

Ich witterte förmlich eine Ehefrau und Kinder und beschloss, sofort mit der Tür ins Haus zu fallen:

»Jetzt mal direkt und ganz unverblümt heraus mit der Sprache, mein Schatz. Wenn du Single bist, dann habe ich zwei Kinder, von denen ich bisher nichts wusste.«

Tito setzte sein Rotweinglas langsam auf dem dunkelbraunen Holztisch ab, verschränkte die Arme vor seiner Brust und musterte mich mit einem leicht spöttischen Lächeln. Er schwieg einige Sekunden und seine Augen funkelten.

»You're very smart and beautiful, mi amor, dir kann ein Mann so leicht nichts vormachen. Du hast recht, ich bin verheiratet und habe fünf Kinder, drei Söhne und zwei Töchter.«

Er zog sein Handy aus der Innentasche seines Jacketts und zeigte mir ein Bild von seiner Familie. Darauf sah man eine gut aussehende Frau mit dunkelblonden Haaren und ihre fünf unglaublich hübschen Kinder. Die ganze Familie hätte auch für einen Designer Werbung machen können, sie sahen aus wie aus einem Modemagazin.

»Du hast eine sehr hübsche Familie. Warum treibst du dich auf einem Online-Dating-Portal herum? Was soll das? Warum tust du das deiner Frau an?«

»Mi amor, so sind wir Männer. Ich schätze meine Frau immer noch und sie ist eine tolle Mutter. Aber ich vermisse einiges. Als wir geheiratet haben, da waren wir noch jung. Sie hat sich um die Kinder gekümmert und ich habe mehrere Unternehmen aufgebaut. Wenn ich heute über mich nachdenke, dann vermisse ich, dass ich zum Beispiel geschäftliche Dinge mit meiner Frau nicht besprechen kann, das interessiert sie einfach nicht. Sie hat mit Business nichts im Sinn. Jetzt, wo ich älter bin, mag ich eher selbständige, toughe, aber auch sinnliche Frauen.«

»Wenn das wirklich so ist, warum sprichst du dann nicht mit deiner Frau darüber?«

»Da ist nichts zu besprechen, ich kann meine Familie nicht verlassen. Das gibt es in unserem Clan nicht.«

»Und findest du das fair den Frauen gegenüber, die du per Online-Dating anbaggerst?«

»Come on, Conny, wir alle mögen doch ein bisschen Abwechslung hin und wieder, das Leben ist ernst genug. Let's have some fun.«

Ich beschloss, mich hinzugeben. Der Vorspeise. Die Tagliatelle waren zwischenzeitlich serviert worden und sahen so lecker aus, dass ich kurz davor war, meine Nase komplett im aufsteigenden Hauch des Sommertrüffels zu versenken. Vorher machte ich Tito noch schnell klar, dass ich für die Art von ›fun‹, die ihm offensichtlich vorschwebte, nicht zur Verfügung stand.

Ich hatte einfach keine Lust, mich noch weiter mit den familiären Verhältnissen des Dating-Kandidaten zu beschäftigen, drehte den unteren Teil der zirka einen Meter hohen Pfeffermühle zweimal über meinem Teller von links nach rechts und bewaffnete mich mit Gabel und Löffel. Es war ein Schützenfest für meinen Gaumen.

Der Argentinier trug seine Niederlage mit Fassung und es wurde ein sehr unterhaltsamer Abend. Er erzählte mir, wie er in den vergangenen 25 Jahren seine Unternehmen immer weiter ausgebaut hatte und so zum vielfachen Millionär wurde. Wir diskutieren über alte und neue Marketing-Methoden und er berichtete über einige unkonventionelle Werbemaßnahmen, die er in den vergangenen Jahren in seinen Firmen umgesetzt hatte.

»Ich spreche die ganze Zeit von mir, erzähle du doch einmal etwas über deinen Job, Conny. Ich habe gelesen, dass du früher mit Harald Schmidt gearbeitet hast. Den fand ich immer toll. Wie war das denn so mit dem?«

»Es war amüsant, ich habe sehr gerne mit ihm zusammengearbeitet und einiges von ihm gelernt. Ein brillanter Geist, einer der wenigen in Deutschland im TV-Bereich. Natürlich habe ich eine Menge Geschichten in meinen Jahren bei der Harald-Schmidt-Show erlebt, aber die kann ich dir leider nicht erzählen. Streng geheim.«

Tito sah mich mit einem tief enttäuschten Dackelblick an.

»Also gut, einer meiner Lieblingssprüche von ihm bis heute ist: ›Wenn ich Luft hole, dann gibt es eine ganze Seite im deutschen Feuilleton, die analysiert, was dieser Einatmer gesellschaftlich für eine Relevanz hat.‹ Oder zum Beispiel: ›Meine Rolle beim Traumschiff mache ich aus tiefster Überzeugung, das könnte doch das Modell der Zukunft sein. Eine immer älter werdende Generation wird völlig sinnfrei von A nach B geschippert.‹«

Der Argentinier lachte so laut, dass sich am Nachbartisch die Gäste umdrehten und ich entschuldigend die Hand hob.

»Conny, es bleibt doch unter uns. Bitte erzähl mir noch ein bisschen von damals.«

Ich schaute Tito mit hochgezogenen Augenbrauen an. Ich kann übrigens nur beide Augenbrauen zusammen hochziehen. In dieser nonchalanten Art mit einer Augenbraue, wie es nur Französinnen können, bekomme ich es nicht hin. Ich kann das einfach nicht. Ich übe seit Jahren vor dem Spiegel – es klappt nicht. Ich habe mir sogar einmal Tesafilm über die linke Augenbraue geklebt, um mich an die Position zu gewöhnen, aber irgendwie sah ich aus, als wäre ich mit Anlauf gegen eine Tür gerannt. Also lasse ich das lieber.
Ich holte tief Luft.

»O. k., Tito, manchmal erfinde ich einfach Geschichten, um Menschen zu unterhalten – so wie diese hier:

Die Show wurde immer um 19 Uhr unter Live-Bedingungen aufgezeichnet, das heißt, es wurde hinterher im Schneideraum nicht an der Show rumgewerkelt, sondern alles eins zu eins im Fernsehen gesendet.

Lange vor Beginn der Aufzeichnung wurde das Publikum ins Studio gelassen, begleitet von der Durchsage: ›Die Aufzeichnung beginnt in wenigen Minuten.‹ Wenn man den Leuten gesagt hätte, dass sie sich jetzt erst einmal zwei Stunden im rund zwölf Grad kalten TV-Studio den – pardon – Arsch abfrieren würden, wären die meisten wahrscheinlich gegangen.

Aber so hockten sie immer in der frohen Erwartung, dass es gleich losgehen werde, auf ihren Sitzen. Einige verrenkten sich permanent die Köpfe und hielten Ausschau nach Harald Schmidt. Der tauchte aber natürlich nicht auf. Er saß zu diesem Zeitpunkt tiefenentspannt in seinem Büro und guckte sich bei einem heißen Tee das Publikum an. Im Studio waren nämlich geheime Kameras installiert, die ihm aus verschiedenen Perspektiven das Material des Abends zeigten.

Wer sah besonders speziell aus? Bei wem könnte es sich – im Dienste der Quote – lohnen, sie oder ihn anzusprechen? Welcher Gesichtsausdruck versprach – zur allgemeinen Erheiterung – besonders schräge Antworten auf seine Fragen?

Zirka eine halbe Stunde vor Beginn der Aufzeichnung sprang eine Art Clown auf die Bühne, der dringend Geld brauchte und sich für nichts zu schade war. Der unterhielt das Publikum mit dummen Sprüchen und sollte es auf ›Betriebstemperatur‹ bringen, wie der Moderator das nannte. Peppo, der Clown, erzählte den mittlerweile schockgefrosteten und zu keinem Widerstand mehr fähigen Show-Interessierten, dass sie vor der ultimativen Erfahrung ihres Lebens stehen würden.

Die Menschen glaubten ihm.

Dann stellte Peppo die ›Jingle Bells‹ vor, die Showband. Jawohl, Harald Schmidt hatte eine eigene Showband. Die kostete ihn jeden Monat ein Schweinegeld und spielte im Durchschnitt zwei Minuten pro Show einen Song. Nacheinander kamen die Jingle Bells mit ihren Instrumenten auf die Bühne und führten irre Freudentänze auf. Das kann man verstehen, bei der Gage.

Harald Schmidt hatte mittlerweile sein Büro verlassen und brüllte sich backstage die Seele aus dem Leib. Er puschte sich auf und brachte sich in die richtige Stimmung. Links und rechts von ihm standen zwei Praktikanten und sagten ihm die ganze Zeit, er sei der größte Retter der Menschheit seit Martin Luther King.

Der Maskenbildner puderte das Gesicht von Schmidt zum zehnten Mal komplett ab und ein dritter Praktikant zog ihm die seidenen Kniestrümpfe aus ökologisch korrekt gezüchteten Raupen hoch. Dann war er endlich bereit, das Publikum zu befreien – aus der Tiefkühlung. Sämtliche Show-Lampen im Studio gingen an, die Jingle Bells spielten ihren Song und Harald Schmidt sprang auf die Bühne. Das Volk rastete aus und die Show konnte beginnen. So ging das jeden Abend.«

Tito hatte mir aufmerksam zugehört und schien sich glänzend zu amüsieren.

»Conny, du bist eine gute Geschichtenerzählerin. Ich frage mich jetzt, wie es wirklich war.«

Sein Gesicht hatte vor lauter Lachen eine noch frischere Gesichtsfarbe als zu Beginn des Abends.

Doublevision ist immer noch verheiratet und reist geschäftlich um die Welt. Wir sind nie wieder zusammen essen gegangen.

12. Date: Maxime1K

Hatte mein Traumprinz sich mit ganzer Kraft bewusst bis zum Schluss zurückgehalten und mich immer die falschen Zettel aufheben lassen? Sollten die wirklich bemerkenswerten Männer, die ich in der ganzen Zeit gedatet hatte, nur die Vorbereitung sein für die Erlösung aus meinem irdischen Single-Dasein, die mir mit Kandidat Nummer zwölf nun endlich bevorstand?

Ich nahm den letzten Zettel in die Hand und rollte ihn langsam auseinander. Auf mich wartete ein weiterer Kandidat aus Frankreich. Eine der Online-Dating-Websites kooperierte offensichtlich mit Dating-Portalen im Ausland und so hatte ich auch aus Italien und Frankreich mehrere Zuschriften erhalten.

Maxime1K (49 Jahre, Jungfrau, Aszendent Jungfrau)

Die doppelte Jungfrau und sein Profilname gaben mir etwas zu denken. Maxime ist die französische Ableitung des lateinischen *maximus* – ›der Größte‹. Stand sein Name für sein Wesen? Er war der einzige Kandidat, der seinen echten Namen als Nickname gewählt hatte. Das konnte sowohl Normalität als auch Selbstverliebtheit bedeuten. Sein Bild zeigte einen 1,75 Meter großen, durchaus attraktiven Mann mit leichtem Bauchansatz. Dunkle, halblang gelockte Haare umrahmten ein freundliches und offenes Gesicht.

Astrologe Merlin schaute einige Minuten auf das Bild und Horoskop von Maxime.

»Ein gut aussehender Mann, der sehr charmant sein kann. Dem schenkst du am besten sofort einen Rechenschieber, die Jungfrau schaut ja gerne aufs Geld. Partnerschaft könnte für ihn ein schwieriges Thema sein, er lebt sein Leben in einer gewissen Rücksichtslosigkeit. Ein eher unsicherer Mann mit egomanischen Zügen. Er hat den Mars in der Waage, dadurch wirkt er ein bisschen wie ein Papiertiger, ein kerniger Cowboy ist er nicht. Sein Leben dürfte ihm selbst als permanente Improvisation vorkommen. Ich bin sehr gespannt, wie euer Treffen verläuft.«

Maxime lebte abwechselnd an mehreren Orten in Frankreich. Er half seinen beiden Brüdern bei der Renovierung alter Häuser, die sie anschließend mit Gewinn verkauften. Nach dem Abitur wollte er gerne Architekt werden, scheiterte aber im Studium. Auf seinem Dating-Profil gab er als Hobby Gitarre- und Klavierspiel an.

Wie von mir vermutet, bedeutete »1K« ein Kind. Maxime hatte eine Tochter, das schrieb er mir in einer seiner Nachrichten. Ansonsten erzählte er eher wenig von sich, zeigte sich aber begeistert von meinen Bildern und meinem Blog. Er hatte mich offensichtlich gegoogelt. Nachdem wir eine Woche hin- und hergeschrieben hatten, schlug er ein gemeinsames Abendessen vor. Ich begleitete einen meiner Klienten zu einer Kunstmesse nach Marseille und da traf es sich gut, dass Maxime gerade auf einer Baustelle in der Nähe arbeitete.

Ich war zum ersten Mal in Marseille und kannte mich dementsprechend in der Restaurantszene nicht aus. Ich bat Maxime darum, in einem netten Bistro einen Tisch zu reservieren. Er antwortete mir, dass er sich leider auch nicht auskennen würde, und ich solle doch am besten ein bisschen in einer der Online-Suchmaschinen nach einem Restaurant suchen und direkt reservieren. Ich überlegte spontan, ob ich nicht anstatt der Restaurantsuche besser mit meiner Recherche über einsame Inseln weitermachen sollte, reservierte dann aber doch einen Tisch in einer Brasserie.

Der Taxifahrer fand den Laden leider nicht auf Anhieb und drehte eine kleine Ehrenrunde mit mir durch Marseille. Ich nahm es gelassen hin, denn so sah ich wenigstens noch etwas von der Stadt. Mit zehnminütiger Verspätung kam ich im Restaurant an und wurde von Maxime bereits erwartet.

»Ah, Madame, ich dachte schon, du kommst nicht mehr. Ich warte schon lange auf dich.«

»Es tut mir leid, aber der Taxifahrer war anscheinend auch fremd in der Stadt. Aber jetzt habe ich es ja geschafft.«

Die Brasserie war nicht besonders groß und durch die Holztische mit den rot-weiß karierten Tischdecken und dem dunkelbraunen Holzfußboden wirkte es innen einfach, aber sehr gemütlich.

»Bist du zufrieden mit meiner Restaurant-Auswahl, ich kenne mich wirklich nicht aus.«

»Ja, ja, scheint ganz nett zu sein.«

Er schaute mich kaum an und winkte nach dem Kellner, um für sich ein Glas Rotwein zu bestellen. Nach meinem Getränkewunsch fragte er nicht, ich musste ihn freundlich daran erinnern, dass ich auch gerne etwas trinken würde.

Ich betrachtete mein Gegenüber nun etwas genauer. Maxime trug zu einer Jeans ein grau-weiß gestreiftes Hemd, das seine beste Zeit lange hinter sich hatte. Seine Hände waren die eines Arbeiters, mit Schrammen und Schwielen übersät. Als ich sein Gesicht näher betrachtete, wurde mir klar, dass ich nicht mit einem 49-jährigen Mann am Tisch saß. Auch wenn er sich durchaus gut gehalten hatte, schätzte ich ihn deutlich über 50 Jahre alt. Wieder einmal fiel ich mit der Tür ins Haus:

»In deinem Profil steht, dass du 49 Jahre alt bist. Aber selbst ohne meine Brille sehe ich, dass das wohl schon ein Weilchen her sein dürfte.«

Er lächelte mich etwas verlegen an.

»Ähm, ja, also weißt du, du hast recht. Ich bin in Wirklichkeit 59 Jahre alt. Mich haben nur alte Frauen in meinem Alter angeschrieben, schrecklich. Was soll ich denn mit denen? Und ein Freund von mir hatte dann die Idee, mein Alter nach unten zu setzen. Ich sehe ja nun wirklich nicht wie fast 60 Jahre aus.«

Auch wenn er im Hinblick auf sein Aussehen durchaus recht hatte, fand ich die Lügerei sein Alter betreffend unverschämt. Frauen in seinem Alter waren in seinen Augen alt, das galt aber offensichtlich nicht für ihn selbst.

»Es ist wirklich nicht einfach, eine vernünftige Frau online zu finden. Was da alles unterwegs ist, schlimm. Weißt du, ich bin hyperintelligent und habe meine Ansprüche.«

Ich glaubte, meinen Ohren nicht zu trauen. Er sagte mir wirklich fünf Minuten nach unserem ersten Zusammentreffen, dass er hyperintelligent sei.

»Eine Frau wie du ist da natürlich etwas anderes, selten online zu finden. Deshalb habe ich dir auch sofort geschrieben. Du weißt jemanden wie mich zu schätzen. Ich hoffe, es stört dich nicht, dass ich hyperintelligent bin.«

Ich schaute ihn mit einem zuckersüßen Lächeln an und schüttelte langsam meinen Kopf.

»Nein, das stört mich überhaupt nicht. Weißt du, ich bin auch hyperintelligent. Wie hoch ist denn dein IQ? Also meiner liegt bei 154, wie der von Sharon Stone. Mit der habe ich übrigens einmal einen Abend in Los Angeles verbracht, eine tolle Frau, wir haben uns glänzend amüsiert.«

Maxime klappte die Kinnlade ein wenig nach unten und sein Glas fiel ihm aus der Hand. Der Rotwein ergoss sich quer über das rot-weiße Tischtuch, das nun nur noch rot war. Ein Teil meiner weißen Seidenhose war rot und das Gesicht von Maxime war rot. Ich sah rot. Und zwar auf allen Ebenen. Der Mann war zehn Jahre älter als angegeben UND dazu noch hyperintelligent, das war für mich als Blondine nur schwer zu verkraften.

Einstein beugte sich über den Tisch und versuchte mit beiden Händen, den links und rechts weiter auf dem Tisch auslaufenden Rotwein unter Kontrolle zu bringen. Ein Kellner, der die Szene offensichtlich beobachtet hatte, eilte herbei, warf ein weißes Küchenhandtuch über die Tischdecke und eine weiße Stoffserviette über meine Hose. Ein weiterer Kellner, der ebenfalls zum Tisch gelaufen war, riss mir die weiße Serviette wieder vom Knie, schnappte sich den Salzstreuer vom Tisch, riss die Verschlusskappe ab und kippte den gesamten Inhalt auf meinem Bein aus.

Das alles hatte etwas so unglaublich Absurdes, dass ich schallend anfing zu lachen. Drei männliche Augenpaare schauten mich vollkommen verständnislos an. So etwas nennt man absurdes Theater. Nach gefühlten zehn Minuten fand Einstein seine Sprache wieder.

»Conny, je suis très désolé, wie ungeschickt von mir. Es tut mir leid.«

Das Ende meiner experimentellen Online-Dating-Phase mit diesen ganzen Traumprinzen war endlich absehbar und ich freute mich wie ein kleines Kind auf den bevorstehenden Urlaub. Ich hatte mir in einer alten Gutsanlage in der Nähe von Saint-Rémy-de-Provence ein Apartment gemietet und wollte von Marseille dorthin reisen. Mir war vollkommen gleichgültig, welcher Typ mir gegenübersaß, ich hätte auch mit Quasimodo diniert.

Vor meinem geistigen Auge sah ich mich bereits durch Saint-Rémy-de-Provence schlendern, auf den herrlichen Märkten von Avignon oder Arles nach Gewürzen und

Ölen Ausschau halten und in der Gutshofküche neue Rezepte ausprobieren. Der Weg nach Saint-Rémy-de-Provence führt entlang einer Straße, die von alten Platanen gesäumt ist. Vincent van Gogh hat diese wunderbare Landschaft in seinem Gemälde »Les grands platanes« verewigt. Am Ende der Straße stadteinwärts gibt es eine kleine, unscheinbare Brasserie, die am Wegesrand liegt. Wenn ich dort am Mittag im Hof an einem der alten Holztische sitze, ein Stück frisch gebackene Quiche auf dem Teller liegt, es nach Kräutern und Sommer duftet und man das Rauschen der alten Platanen im Wind hört, dann, ja dann fühle ich mich dem Paradies jedes Mal ein Stück näher.

Ich hatte meinen Körper bereits verlassen, lediglich eine leere Hülle saß noch an dem Tisch mit der nun roten Tischdecke gegenüber einem Mann mit einem roten Kopf. Zu seiner frischen Gesichtsfarbe konnte auch das mittlerweile vierte Glas Rotwein beigetragen haben, der Kandidat trank offensichtlich reichlich und schnell.

»Ist nicht schlimm, Maxime, das kann doch jedem passieren. Jetzt suchen wir uns einfach etwas Feines zum Essen aus und plaudern ein wenig.«

Einstein erzählte, wie sehr er Musik mag und dass er ein hervorragender Klavierspieler sei. Leider hätte es mit einer Karriere als professioneller Pianist, ähnlich wie mit dem Studium der Architektur, aufgrund unglücklicher Umstände nicht geklappt. Seine Tochter war mittlerweile erwachsen und entstammte einer kurzen Beziehung mit einer Spanierin. Um die Ehe hatte er sein Leben lang einen großen Bogen gemacht und keine seiner Beziehungen hatte länger als zwei Jahre gehalten. Für seine ehemaligen Freundinnen fand er keine netten Worte. Entweder waren sie zu dumm, zu dick, zu habgierig oder zu schlecht im Bett.

Wenn er erzählte, dann gestikulierte er mit den Händen, aber seine Augen waren leer, aus ihnen sprach keinerlei Wärme. Ich begann, in seiner Gegenwart zu frösteln.

»Ich hatte einen langen Tag und mein Klient hat morgen viele Termine, zu denen ich ihn begleiten muss. Ich hoffe, du bist nicht böse, wenn ich jetzt ins Hotel fahre.«

»Natürlich nicht, Madame, du brauchst deinen Schönheitsschlaf. Soll ich dich noch begleiten?«

Es gab nichts, was ich mir weniger wünschte, als von Einstein in mein Hotel begleitet zu werden.

»Danke, aber ich rufe mir jetzt ein Taxi und fahre los. Wollen wir die Rechnung bestellen?«

Maxime winkte den Kellner heran und fragte nach der Rechnung.

»Conny, erst wollte ich dich einladen, aber ich habe nicht mehr so viel Geld dabei, am besten wir bezahlen getrennt.«

Meine ruinierte Hose erwähnte er mit keinem Wort. Stattdessen rechnete er exakt aus, wer was zu bezahlen hatte. Ich gab dem Kellner meinen Anteil, verabschiedete mich und sank erleichtert auf die Rückbank des Taxis, das draußen bereits auf mich wartete. Ich schaute auf meine weiße Seidenhose, die ich wohl rot würde färben müssen, der Rotweinfleck war trotz der Salzattacke zu stark.

In der Nacht und am nächsten Tag bombardierte Einstein mich mit honigsüßen Nachrichten. Er sei fasziniert von der blonden Frau, die so schön und erfolgreich sei, und die Sache mit dem Rotwein sei ihm wirklich peinlich. Er müsse mich unbedingt wiedersehen, um eine bessere Figur zu machen und mich zum Essen einzuladen. Der ganze Abend sei einfach nicht gut gelaufen.

Getragen von der Befürchtung, dass ein weiterer Abend mit Maxime meine gute Laune beeinträchtigen würde, lehnte ich die Einladung zum Dinner dankend ab. Aber ich hatte die Rechnung ohne Einstein gemacht. Er schrieb eine Kurznachricht nach der anderen, rief mich an und entschuldigte sich gefühlte 100 Mal. Er schlug ein wirklich hervorragendes Restaurant vor, die Reservierung wollte er dieses Mal selbstverständlich übernehmen und dazu hätte er noch eine Überraschung für mich.

Sollte ich dem Kandidaten noch eine Chance geben? Vielleicht hatte er ganz einfach einen schlechten Abend gehabt und ich mein Urteil zu schnell gefällt? Ich gebe zu, die angekündigte Überraschung machte mich ein wenig neugierig, was mochte das sein? Vielleicht ein ganz besonderes Candle-Light-Dinner auf der Dachterrasse des Restaurants? Oder er ließ ein Piano aufstellen, um ein kleines Privatkonzert für mich zu geben? Seine Fähigkeiten als hervorragender Pianist hatte er mir gegenüber ja ausführlich beschrieben. Ich gab mir einen Ruck und bestätigte die Einladung für den nächsten Abend.

Es war ein heißer Sommertag und ich hetzte mit meinem Klienten auf der Kunstmesse von einem Termin zum nächsten. Als ich nach neun Stunden Meeting-Marathon in mein Hotel zurückkam, war ich völlig erledigt. Kurzzeitig spielte ich mit dem Gedanken, das Dinner abzusagen und einfach die Ruhe zu genießen. Die schöne Terrasse vor meinem Hotelzimmer mit Blick über den alten Hafen von Marseille im warmen Sonnenlicht des frühen Abends und der Ruf nach dem Zimmerservice waren einfach zu verlockend. Aber ich riss mich zusammen, sprang unter die Dusche, warf mir ein sommerliches Kleid über und fuhr mit dem Taxi zur Restaurant-Adresse, die Maxime mir getextet hatte.

Das Restaurant gehörte zu einem wunderschönen Hotel, ein altes Herrenhaus im Herzen von Marseille, das man vor wenigen Jahren sehr geschmackvoll und behutsam restauriert hatte. Dieses Mal traf ich pünktlich ein und stand staunend im von Fackeln und Kerzen beleuchteten Innenhof. Von Maxime war weit und breit nichts zu sehen und so setzte ich mich in einen der einladenden Korbsessel und wartete. Nach wenigen Minuten schickte Maxim mir eine Kurznachricht, dass er auf dem Weg sei und gleich eintreffen werde. Nach weiteren zehn Minuten war er immer noch nicht da und so gab ich bei dem mich sehr charmant umsorgenden Kellner eine Getränkebestellung auf. Als der junge Mann wenige Minuten später meinen Drink servierte, ergab sich eine kurze Konversation zwischen uns. Ich interessierte mich für die Geschichte des Herrenhauses und er beantwortete mir geduldig und freundlich meine Fragen. Mit fast halbstündiger Verspätung traf Maxime schließlich ein, just in dem Moment, als der junge Kellner und ich über eine kleine Anekdote aus dem Leben eines Obers, die der junge Mann mir erzählt hatte, herzlich lachten.

Einstein fand das offensichtlich nicht sehr lustig. Er begrüßte mich mit zusammengekniffenen Augen und schmalen Lippen.

»Was will der Kerl von dir?«

»Dieser *Kerl* ist ein Ober des Restaurants und hat mich nett unterhalten und mit einem Getränk versorgt, während ich eine halbe Stunde auf dich gewartet habe.«

»Ich stand leider in einem Stau. Tut mir leid.«

Der erste Eindruck ist manchmal doch der richtige. Ich dachte an die schöne Terrasse vor meinem Hotelzimmer und die Ruhe dort. Und dann dachte ich an meinen Urlaub, der am nächsten Tag endlich beginnen sollte. Ich spürte eine kindliche Vorfreude in mir aufsteigen. Weg von allen Dating-Prinzen, weg von schlechter Laune, Lügen, narzisstischen Typen und Pseudoeifersüchteleien. Ich musste nur noch dieses eine Dinner hinter mich bringen. Ich versuchte, Einstein so gut wie möglich auszublenden und mich einfach an diesem schönen Ort zu erfreuen.

»Das ist wirklich ein sehr schönes altes Herrenhaus, ich bin schon sehr gespannt auf das Restaurant innen.

Komm, lass uns hineingehen, ich habe den ganzen Tag noch nichts Richtiges gegessen.«

»Wie findest du meine Überraschung?«

Ich blickte mich suchend um und schaute Einstein leicht irritiert an. War irgendwo im Innenhof eine Schachtel von Tiffany versteckt? Oder ein Gutschein für eine Wellness-Anwendung im Hotel? Hatte ich irgendetwas übersehen? Etwas ratlos lief ich einige Meter auf und ab.

»Welche Überraschung meinst du? Es tut mir leid, aber mir ist bis jetzt nichts besonders aufgefallen, kannst du mir vielleicht einen kleinen Tipp geben?«

»Ich trage einen Anzug. Das ist meine Überraschung.«

Mit großen Augen betrachtete ich den völlig zerknitterten, aus einem billigen grauen Viskosestoff produzierten Anzug und nickte zustimmend mit meinem Kopf.

»Très chic, Maxime, très chic. Wow, das nenne ich wirklich eine gelungene Überraschung.«

Auch dieser Abend war ein Desaster, noch schlimmer als der erste. Einstein blubberte die ganze Zeit, was er Tolles in seinem Leben geschaffen habe, wie vielen Dummköpfen er bisher begegnet sei und was er beim Online-Dating für schreckliche Frauen treffen würde. Dann zeigte er mir auf seinem Mobiltelefon eine Dating-App und seinen Posteingang mit 32 neuen Nachrichten.

»Die wollen alle etwas von mir, diese langweiligen und hässlichen Frauen.«

Ich beeilte mich mit dem Essen und träumte weiter von der Provence. Irgendwann hatte er mich im Visier.

»Conny, es ist ja ganz nett, dass du dich bemühst, französisch zu sprechen, aber dein Akzent ist schon sehr deutsch. Das höre ich deutlich.«

»Mein Akzent ist natürlich deutsch, das stimmt, aber immerhin spreche ich ein wenig Französisch. Lass doch einmal dein Deutsch hören, jetzt bin ich wirklich gespannt.«

Der Kandidat kniff wieder beide Augen zusammen und nahm einen großen Schluck Rotwein. Natürlich sprach er kein einziges Wort Deutsch. Vor mir saß ein Mann mit einer schweren narzisstischen Störung, er war der Größte, alle um ihn herum Nieten. Wenn man von eigenen schönen oder auch unschönen Erlebnissen erzählte, interessierte ihn das nicht im Geringsten. Er hatte offenbar keinerlei Empathie für andere Menschen und deren Bedürfnisse.

Ich schob erneut Müdigkeit vor und drängte zum Aufbruch.

Am Ende des kurzen Abends kontrollierte er die Restaurantrechnung dreimal und legte mit offensichtlich großem Widerwillen das Geld auf den Tisch. Ich ließ mir ein Taxi rufen, stellte Einstein keinerlei Wiedersehen in Aussicht und fuhr zurück in mein Hotel. Ich habe Gott sei Dank nie wieder etwas von ihm gehört.

Am nächsten Tag begann meine Reise in Richtung Provence. Ich fuhr ein kurzes Stück mit dem Zug, saß am Fenster und beobachtete die an mir vorbeiziehende, wunderschöne Landschaft. Ich dachte über meine ganzen Dating-Erlebnisse der vergangenen Jahre nach und mir taten die Frauen leid, die vor und nach mir an diese ganzen Typen geraten waren beziehungsweise geraten würden.

Kurz vor Avignon sammelte ich mein Gepäck ein und ging aus dem Zugabteil in Richtung Ausstieg. Vor der Toilette stand ein älterer, sehr eleganter Herr mit einem cremefarbenen Turban und einem weißen Leinenanzug. Seine Haut hatte einen schönen bronzefarbenen Schimmer, er war offensichtlich indischer Abstammung. Er hatte etwas Magisches an sich und strahlte eine große Würde aus. Aber irgendetwas war abstoßend. Während ich noch überlegte, was meine Blicke einerseits zu diesem Mann hinzog und mich andererseits zurücktreten ließ, bemerkte ich viele gelbe und braune Punkte auf seinem weißen Anzug. Und schlagartig wurde mir klar, dass der Mann fürchterlich stank. Nach – pardon – Scheiße.

Mir fiel spontan ein Zitat von Roger Willemsen ein, der einmal in einer Talkshow beschrieb, wie er einen jungen Affen durch den Dschungel von Borneo getragen hatte:

»Auf einmal hat der Orang-Utan sein Rektum geöffnet und eine ADAC-farbene Flüssigkeit losgelassen, die sich auf meinem Schoß ausgebreitet hat.«

Im Zug war weit und breit kein größeres Tier ausfindig zu machen und ich überlegte, was wohl passiert sein mochte. Der Inder konnte offensichtlich meine Gedanken lesen.

Er deutete eine leichte Verbeugung an und sagte mit sehr tiefer, sonorer Stimme:

»Madam, I'm very sorry, but the toilet exploded on me.«

Meine Hand suchte nach einem Türgriff oder etwas zum Festhalten, um meine aufkommende Lachenergie dorthin ableiten zu können. Alles in mir wehrte sich gegen den innerlich brodelnden Lachanfall. Aber es war vergebens, ich gluckste erst leise vor mich hin und ging dann in lautes Gelächter über. Der Inder lachte mit. Es war heiß, es stank nach Scheiße, aber wir hatten einen Heidenspaß.

»Madam, I'd love to invite you to join me for a coffee, but my smell is really too horrible. What a pitty.«

Wir verabschiedeten uns am Bahnsteig und ich setzte meine Reise nach Saint-Rémy-de-Provence fort.

Meine Ferienunterkunft war ein Traum. Auf dem alten, restaurierten Weingut gab es insgesamt vier Apartments, einen großen Pool und eine vollständig eingerichtete Open-Air-Sommerküche im Innenhof. Ich traf auf nette Vermieter und Mitbewohner aus der ganzen Welt, und den ein oder anderen Abend verbrachten wir alle zusammen unter der alten Platane an einem riesigen Holztisch, der über und über beladen war mit köstlichem Essen, Champagner und gutem Wein.

Tagsüber machte ich Ausflüge, schlenderte über die Felder und ließ es mir einfach gut gehen. Im Ort gab es einen sensationellen Feinkostladen. Ich entdeckte ihn zufällig und blieb vollkommen entzückt vor dem Schaufenster stehen. Es gab herrliche bereits gekochte Speisen, exquisite Fleischwaren, Gewürze, Saucen, Backwaren, Wein und Champagner. Ich war im Paradies.

Und so lernte ich Arthur kennen. Ihm gehörte in dritter Generation das große Nachbarweingut meiner Vermieter und nebenher hatte er sich ein kleines Feinkost-Imperium mit mehreren Geschäften in Frankreich aufgebaut. Eigentlich lebte er in Paris und managte von dort seine Firmen, aber er kam regelmäßig in die Provence, um auf dem Weingut nach dem Rechten zu schauen.

Wir kamen ins Gespräch und von da an kaufte ich fast täglich bei ihm Kleinigkeiten ein, die abends verzehrt wurden. Arthur kannte meine Vermieter, und wenige Tage nach unserem Kennenlernen leistete er mir abends unter der alten Platane Gesellschaft. Wir mochten uns. Arthur, Anfang 40, groß gewachsen mit hellbraunen, gelockten Haaren war eine attraktive Erscheinung. Er war seit Kurzem geschieden, sein Sohn lebte bei seiner Ex-Frau in Paris. Er sprach sehr liebevoll über den Kleinen und mit großer Achtung von seiner ehemaligen Frau, das gefiel mir. Er war wie ich kreuz und quer durch die Welt gereist und durch die intensive Arbeit der letzten 15 Jahre war seine Ehe auf der Strecke geblieben.

Am Tag meiner Abreise brachte er mich zum Bahnhof.

»Komm doch einmal nach Paris und besuche mich.«

»Das mache ich gerne, ich bin ja immer mal wieder dort.«

»Ich würde mich sehr freuen, wenn wir unsere Konversation fortsetzen würden, Corinne.«

Arthur nannte mich immer Corinne, die französische Form von Corinna.

»Ich melde mich, sobald ich meinen nächsten Paris-Termin absehen kann. Versprochen, Arthur.«

Wir umarmten uns, ich stieg in den Zug und er winkte mir zum Abschied hinterher. Es war wie im Film.

Das Schicksal wollte es, dass ich fünf Wochen später zu einem Meeting nach Paris musste. Ich schrieb Arthur eine Nachricht und ließ ihn wissen, von wann bis wann ich in der Stadt sei. Er antwortete umgehend und keine Stunde später schickte er mir die Dinner-Reservierung von einem Restaurant, das er sehr gut kannte. Ich konnte den Anhang mit den Reservierungsdaten nicht öffnen und bat Arthur, mir die Adresse erneut zu schicken. Er hatte jedoch eine bessere Idee.

»Ich komme dich am Hotel abholen und wir gehen gemeinsam dorthin.«

Es war ein regnerischer Vormittag, als ich am Gare du Nord ankam, aber ich liebe Paris auch im Regen. Arthur war untröstlich, dass er mich nicht persönlich am Bahnhof abholen konnte. Eine große Champagner-Lieferung in die USA musste final von ihm kontrolliert werden und das Flugzeug wollte einfach nicht bis nach meiner Ankunft warten. Mon Dieu.

Mein Hotel lag in Saint Germain. Ich liebe diesen Stadtteil von Paris sehr und wohne immer dort. Der französsische Taxifahrer bemerkte anscheinend meinen deutschen Akzent und zeigte sich auf der Fahrt zu meinem Hotel begeistert von der Bauart deutscher Autos.

»Madame, französische Autos sind Mist. Wissen Sie, wenn man die Tür von einem französischen Wagen schließt, dann macht das ›PÄFF‹ und es scheppert. Wenn man aber die Tür von einem deutschen Auto schließt, dann macht es ›BLUBB‹ und man hört fast nichts.«

Während er sprach, zeigte er immer wieder mit verächtlichem Blick auf vorbeifahrende Autos französischer Hersteller und fuhr noch wilder, als Franzosen das ohnehin gerne tun. Bei jedem deutschen Fabrikat flippte er vor Begeisterung vollkommen aus.

»Madame, Märzädäs, magnifique, Bämwäh, incroyable.«

Ich tätschelte ihm von hinten beruhigend seine Schulter und bat darum, lebend im Hotel abgeliefert zu werden.

Arthur holte mich am frühen Abend im Hotel ab und wir schlenderten in Richtung Pont Neuf und von dort entlang der Seine. Das Wetter zeigte sich mittlerweile von seiner schönen Seite und es war ein lauer Spätsommerabend. Wir setzten uns am Ufer der Seine auf eine der Steinbänke.

»Vielleicht spinne ich, aber jedes Mal, wenn ich in Paris bin, bilde ich mir ein, dass das Licht hier ganz besonders ist. Ist es nicht wunderschön, die abendliche Sonne hier, die Atmosphäre und wie das Licht die Brücken über der Seine in Szene setzt?«

Arthur nickte mit dem Kopf.

»Das stimmt, man kann hier einfach sitzen und gut nachdenken. Manchmal komme ich her und blicke einfach auf das Wasser, das hat fast etwas von Meditation für mich.«

Mein Magen knurrte und Arthur fing an zu lachen.

»Ich sehe schon, Corinne, du hast den ganzen Tag wieder nichts gegessen.« Ich nickte mit dem Kopf.

»Also dann komm, spazieren wir zum Restaurant.«

Wenn man in Saint Germain von der Rue Dauphine in die Rue Christine abbiegt, dann glaubt man nach wenigen Metern nicht mehr, in Paris zu sein. Es wird still, auf der rechten Seite erstreckt sich eine lange Häuserreihe mit einer sandsteinfarbenen Fassade, die abends angestrahlt wird. Es gibt ein kleines, altes Kino, in dem amerikanische Spielfilm-Klassiker in Originalversion gezeigt werden. Das Licht ist hier ganz wunderbar sanft. Am unteren Ende gibt es ein kleines Restaurant, das den Namen der Straße trägt. Es ist seit vielen Jahren eines meiner Lieblingsrestaurants in Paris und Arthur hatte, ohne dies zu wissen, genau dort einen Tisch für uns reserviert.

Wir betraten den kleinen Vorraum und wurden vom Manager des Restaurants, den wir beide gut kannten, herzlich begrüßt.

Arthur und ich verbrachten einen leichten, prickelnden und unterhaltsamen Abend und waren weit nach Mitternacht die letzten Gäste, die das Restaurant verließen. Alles fühlte sich gut und richtig an und ich beschloss zu bleiben.

Es begann meine Zeit in Paris ...

Resümee: Wie ist es um die mentale Gesundheit unserer Gesellschaft bestellt?

Ist es beängstigend, wenn man als Single-Frau ab Mitte 40 überdurchschnittlich – sagen wir – bemerkenswerte Männer kennenlernt und eine Menge schräge Storys mit denen erlebt? Sind Handtaschen am Ende doch die besseren Männer?

Im Rahmen meiner Online-Dating-Phase habe ich mich mit weit mehr als den hier beschriebenen Männern getroffen. Bis auf wenige Ausnahmen begegnete ich in der Mehrzahl offensichtlich sehr unsicheren, narzisstisch geprägten Menschen und es wurde gelogen und betrogen. Fotos waren häufig schöner, glatter und dadurch jünger retuschiert, Altersangaben stimmten nicht, Familien und Ehefrauen beziehungsweise Lebensgefährtinnen wurden verschwiegen oder Trennungen vorgetäuscht und Berufstätigkeiten gefälscht. Mehr als zwei Drittel der Männer war nicht an einer neuen Beziehung interessiert, sondern es ging ausschließlich um den Test des eigenen Marktwerts, Selbstbestätigung und ein bisschen Spaß. Häufig saß ich nicht nur sehr unsicheren, sondern offensichtlich auch beziehungsunfähigen Männern gegenüber.

Ich sprach mit Frauen aus meinem Bekanntenkreis und hörte viele abenteuerliche Erfahrungen, die sie beim Online-Dating gemacht hatten. Bei meinen männlichen Bekannten war es nicht viel anders. Auch sie berichteten über ›schwierige‹ Frauen auf der Suche nach einem Versorger in Online-Dating-Portalen. Drei Paare mittleren Alters, die sich online kennengelernt hatten, gaben dies offiziell nicht zu und erfanden eine Geschichte über ihr Kennenlernen. So richtig ›chic‹ scheint es also noch nicht zu sein, sich online auf Partnersuche zu begeben und auch dazu zu stehen – zumindest habe ich bei Mitgliedern meiner Generation diesen Eindruck gewonnen.

Ich habe Männer gedatet und keine Frauen, daher beziehen sich meine Beschreibungen und Überlegungen in diesem Buch auf Männer. Dies soll nicht darüber hinwegtäuschen, dass zum Beispiel Narzissmus zwar überwiegend, aber eben nicht nur männlich ist. Es gibt ebenso den weiblichen Narzissmus. Wer damit je in Berührung gekommen ist, weiß, dass das auch keine Freude ist. Es gibt Männer, die unter dem Narzissmus ihrer Partnerin oder Vorgesetzten sehr leiden, und selbstverständlich gibt es ebenso Frauen, die nicht beziehungsfähig sind.

In mir wuchs der Verdacht, dass beide, Männer und Frauen, offensichtlich immer mehr Schwierigkeiten haben, authentisch erfüllte und gleichberechtigte Beziehungen zu führen, in denen keine körperliche, seelische oder verbale Gewalt an der Tagesordnung steht.

Je intensiver ich mich mit der Suche nach den Gründen für den großen Erfolg von Online-Dating-Portalen beschäftigte, desto mehr las ich Literatur über Narzissmus, traumatisierte Menschen und die Generation der Kriegskinder und Kriegsenkel.

Kriegsenkel sind die Kinder von Kriegskindern des Zweiten Weltkriegs, also die zwischen zirka 1960 und 1980 geborenen Männer und Frauen. Ich bin somit selbst eine Kriegsenkelin und meine Eltern waren Kriegskinder.

Sabine Bode beschreibt in ihrem Buch »Kriegsenkel –

die Erben der vergessenen Generation« sehr genau, wie wir Kriegsenkel durch unsere Eltern und deren eigene erlittene und unverarbeitete Kriegstraumata indirekt traumatisiert worden sind:

Die Kriegsvergangenheit zeigt auch heute noch in vielen Familien Spuren, bis in die zweite und dritte Generation hinein. Es hat ihnen an nichts gefehlt. Oder doch? [...] Wieso haben viele das Gefühl, nicht genau zu wissen, wer man ist und wohin man will? Wo liegen die Ursachen für diese diffuse Angst vor der Zukunft? Weshalb bleiben so viele von ihnen kinderlos? Noch ist es für sie ein völlig neuer Gedanke, sich vorzustellen, die tief sitzende Verunsicherung könnte von den Eltern stammen, die ihre Kriegserlebnisse nicht verarbeitet haben. Ist es möglich, dass eine Zeit, die über 60 Jahre zurückliegt, so stark in das Leben als nachgeborene Kinder hineinwirkt?

Die sogenannten ›Wohlstandskinder‹ sind Erben nicht nur in materieller Hinsicht, sondern auch in seelischer. Wir haben die Erfahrungen und Traumatisierungen unserer Eltern und Großeltern durch den Ersten und Zweiten Weltkrieg – laienhaft formuliert – auch geerbt.

Warum sind so viele Männer und Frauen der Kriegsenkel-Generation, obwohl sie eine gute Ausbildung abgeschlossen haben, ihr ganzes Leben lang von innerer Unsicherheit und Ängsten geplagt? Haben trotz gutem Einkommen Angst vor Verarmung? Fühlen sich nicht herzlich angenommen und geliebt um ihrer selbst willen? Haben kein gesundes Selbstbewusstsein entwickelt? Meinen, nur durch Leistung den Anspruch zu entwickeln, anerkannt und geliebt zu werden? Leben mehr im äußeren Schein als im inneren Sein? Entwickeln Burn-out-Erkrankungen? Neigen zu Depressionen, entwickeln Sucht- und psychosomatischen Erkrankungen und haben häufig Schwierigkeiten in ihren Beziehungen? Kämpfen täglich mehr mit dem Überleben in ihrem Leben, anstatt wirklich zu leben?

Fast alle Männer, die ich im Rahmen meiner Online-Dating-Phase getroffen habe, waren Mitglieder der Generation Kriegsenkel, das heißt zwischen 40 und 60 Jahre alt. Fast alle von ihnen zeigten eines oder mehrere der oben aufgezählten Symptome. Unerheblich ist in diesem Zusammenhang, ob man online oder offline auf traumatisierte Menschen trifft. Ohne psychologische Behandlung machen die Symptome es so oder so allen Beteiligten schwer und es kann zu großen Schwierigkeiten und vor allem Leiden im eigenen Leben kommen. Später in diesem Resümee werden meine Interviewpartner noch darauf eingehen, was speziell Menschen auszeichnet, die online nach einem Partner oder einer Partnerin suchen.

Wenn ich mit diesem Wissen auf meine eigene Biografie schaue, dann stellt sich diese wie folgt dar:

Ich bin die Tochter eines Alkoholikers. Solange ich zurückdenken kann, habe ich meinen Vater nur im betrunkenen Zustand erlebt; ich erinnere mich an keinen klaren Satz von ihm. Meine Mutter litt ihr ganzes Leben an Depressionen. Mit Mitte 40 erkrankte sie zusätzlich an Brustkrebs, im Alter von 53 Jahren verstarb sie an dieser Krankheit. Meine Mutter wurde in Wien geboren und lebte dort bis zu ihrem siebten Lebensjahr. Kriegsbedingt mussten meine Großeltern mit ihrer Tochter in einer

Nacht-und-Nebel-Aktion Wien verlassen und flüchteten ins Rheinland zu Verwandten meiner Großmutter mütterlicherseits. Deren Begeisterung über die Neuankömmlinge aus Wien hielt sich in Grenzen, man kämpfte selbst um jeden Bissen für die eigene Familie. Kurz darauf starb mein Großvater mit nur 42 Jahren. Meine Mutter, die sehr an ihrem Vater hing, blieb mit ihrer immer depressiver werdenden Mutter alleine zurück und entwickelte irgendwann selbst Depressionen. Meine Großmutter wurde mit 41 Jahren Witwe und hatte nie wieder eine Beziehung mit einem Mann.

Als einziges Kind der Familie habe ich im Alter von rund sechs Jahren begonnen, für meine Eltern zu sorgen. Ich erledigte Einkäufe und brachte mir selbst das Kochen bei, während meine Mutter tagelang im Bett lag und über Migräne klagte. Wenn mein Vater abends betrunken von seinen Baustellen (er arbeitete als Maurer) nach Hause kam, dann hatte ich Essen für ihn gekocht und mein Zimmer war tipptopp aufgeräumt. In der Schule versuchte ich durch einen möglichst geringen Aufwand das Bestmögliche zu erreichen. Irgendwie hat das bis zum Abitur erstaunlich gut geklappt. Meine Mutter beklagte sich bei mir permanent über meinen Vater, und mein Vater tat das ebenso über meine Mutter. Als bei meiner Mutter Brustkrebs diagnostiziert wurde, war ich 14 Jahre alt. Meine Teenagerzeit, die ohnehin aufgrund der oben beschriebenen Situation für mich nur sehr eingeschränkt erlebbar war, endete nun endgültig.

Ich begleitete meine Mutter zu unzähligen Operationen ins Krankenhaus, ließ mir die Vor- und Nachteile verschiedener Chemotherapie-Verfahren erklären und versuchte abends, diese wiederum meinem Vater zu erklären. Er war nicht in der Lage, sich emotional um meine Mutter zu kümmern oder irgendwelche Entscheidungen zu treffen.

Als die Krebserkrankung meiner Mutter nach Jahren vergeblichen Hoffens weiter voranschritt, lernte ich, ihr alle paar Stunden Morphium zu spritzen und Infusionen an- und abzulegen; der alte Hausarzt kam täglich zur Kontrolle vorbei. Nebenher erledigte ich den Haushalt und machte das Abitur. Anschließend absolvierte ich eine Verwaltungsausbildung und kümmerte mich weiter um meine Mutter und den Haushalt. Obwohl ich aufgrund der häuslichen Situation wenig Energie in meine Wissenserweiterung investieren konnte, schloss ich die Ausbildung als Jahrgangsbeste der Berufsschule mit einem Notendurchschnitt von 1,0 ab – in zehn Fächern bekam ich ein ›sehr gut‹. Ich funktionierte ohne größere Zwischenfälle wie in einer Art Trance einwandfrei.

Am Tag meiner Immatrikulation für das Studium der Rechtswissenschaften überreichte mir meine bereits sehr geschwächte Mutter abends einen Blumenstrauß mit den Worten: »Die Blumen bekommst du jetzt schon, dein Staatsexamen werde ich ja nicht mehr miterleben.« Kurze Zeit später starb sie. Meine Mutter hatte mich gebeten, zu Hause sterben zu können. Sie wollte nicht in ein Krankenhaus.

Ich funktionierte auch anschließend weiter, absolvierte das juristische Studium in Regelstudienzeit und arbeitete nebenher halbtags bei einer Stadtverwaltung im Beitrags- und Erschließungswesen, um mir das Studium zu finanzieren. Am Tag meines juristischen Staatsexamens war ich die Einzige, die nach der bestandenen Prüfung alleine, ohne Familienmitglieder, vor das Justizgebäude trat und sich über das Examen freute. Als ich meinen Vater telefonisch über mein bestandenes Staatsexamen informierte, erhielt ich als Antwort: »Na, das wurde ja auch Zeit, du hast ja genug studiert.«

Beide Elternteile haben mich für ihre Zwecke instrumentalisiert und seelisch missbraucht. Ich funktionierte einfach und wollte möglichst wenig Aufsehen erregen. Ich hatte ein Dach über dem Kopf, ordentliche Kleidung, durfte auf das Gymnasium gehen, meinem Hobby, der Musik, nachgehen (ich sang 16 Jahre in einem Chor) und hatte genügend zu essen. Was darf man als Kind denn noch erwarten?

Meine Eltern traten mir ohne jede Gefühlsregung gegenüber. Wenn ich in den Augen meiner Mutter nicht ›funktioniert‹ hatte (da ich möglicherweise bei irgendetwas eine eigene Meinung vertrat), dann sprach sie tagelang kein einziges Wort mit mir. Der äußere Anschein war meinen Eltern sehr wichtig. Alles hatte nach außen hin tipptopp zu erscheinen. Was sollten denn schließlich die Leute beziehungsweise Nachbarn denken? Der Lieblingsspruch meines Vaters war: »Solange du die Füße unter unseren Tisch stellst, wird gemacht, was wir sagen.«

Mein Vater wurde mir gegenüber niemals aggressiv und hat mich auch nie geschlagen. Im Gegensatz zu meiner Mutter. Ihr habe ich schwere körperliche Schläge, unter anderem als Säugling mit einem Bürstenstil auf den Kopf, zu verdanken. Und auch ihre seelischen Misshandlungen haben mich als Kind und Jugendliche manchmal an den Rand meiner Kräfte gebracht.

Als ich ein Teenager war, erzählten mir meine Eltern,

dass ich als Baby eine Zeit lang im Kinderheim gewesen sei, da sie die neue Wohnung hätten renovieren müssen, und dabei sei ich »im Weg« gewesen. Mehr Informationen waren ihnen nicht zu entlocken und ich konnte mich an nichts erinnern. Ich habe vor einiger Zeit versucht, Details zu meinem Aufenthalt im Kinderheim zu erfahren, aber leider waren sämtliche Unterlagen von damals bereits vernichtet.

Mit 18 Jahren erfuhr ich, dass ich noch einen erheblich älteren Bruder hatte, der Sohn meines Vaters aus seiner ersten Ehe. Diesen Sohn hatte er bis dahin verleugnet; er spielte in unserer Familie keine Rolle. Mein Bruder Bernd starb sehr jung mit nur 43 Jahren unerwartet an einem Herzinfarkt. Wir haben uns leider nie kennengelernt.

Als Kind, Jugendliche und selbst als junge Frau habe ich das alles nicht verstanden und konnte es auch nicht einordnen. Irgendwann, viele Jahre nach dem Tod meiner Mutter, entstanden bei mir jedoch immer mehr Fragen. Warum arbeitete ich wie verrückt und konnte nur schwer einmal abschalten oder entspannen? Warum fiel es mir immer so schwer, Nein zu sagen, wenn mir etwas zu viel war? Warum hatte ich mein Leben lang das Gefühl, nicht ›anzukommen‹? Nirgendwo hinzugehören? Mir fehlte das Gefühl einer familiären Wurzel.

Heute weiß ich, dass sowohl mein Vater als auch meine Mutter als Kriegskinder hoch traumatisierte Menschen und mit der Betreuung eines Kindes hoffnungslos überfordert waren. Sie waren aufgrund ihrer eigenen Traumatisierungen zu keiner Empathie fähig und zutiefst unglückliche Menschen. Sie haben im Rahmen ihrer Möglichkeiten und aus ihrer Sicht ihr Bestes gegeben, und ich habe gelernt, loszulassen.

Manchmal wundere ich mich selbst darüber, dass Zeit meines Lebens mein Glas immer halb voll und niemals halb leer war. Ich lache für mein Leben gern und heute darf ich von mir behaupten, dass ich wirklich lebe, nicht überlebe. Dies alles hat mich jedoch viel psychologische Reflexion, den Mut und die Bereitschaft dazu und auch Kraft gekostet.

Der Grund, warum ich hier so offen über meine persönliche Geschichte schreibe? Ich möchte anderen Mut machen. Ich weiß, dass viele aus meiner Generation unter schwierigen emotionalen Umständen aufgewachsen sind, auch wenn nach ›außen‹ alles schön und bürgerlich korrekt aussah. Und ich möchte dazu ermuntern, auf seine eigene Geschichte zu schauen, daran zu arbeiten und sie zu verarbeiten. Es lohnt sich.

Alice Miller schreibt in ihrem Buch »Das Drama des begabten Kindes«: *Jeder Mensch hat wohl in sich eine mehr oder weniger vor sich selbst verborgene Kammer, in der sich die Requisiten seines Kindheitsdramas befinden. Vielleicht ist es sein geheimer Wahn, seine geheime Perversion oder ganz schlicht der unbewältigte Teil seines Kinderleidens. Die einzigen Menschen, die mit Sicherheit Zutritt zu dieser Kammer bekommen werden, sind seine Kinder. Mit den eigenen Kindern kommt neues Leben in die Kammer, das Drama erfährt seine Fortsetzung.* (S. 48 ff.)

Viele scheuen sich nach wie vor davor, psychologische Unterstützung in Anspruch zu nehmen oder offen dazu zu stehen, eine psychologische Behandlung in Anspruch genommen zu haben. Ich möchte dazu ermutigen, es ist das Beste, was jeder für sich tun kann, man muss sich dafür nicht schämen. Menschen mit psychischen Erkrankungen haben auch heute noch mit den Folgen von Stigmatisierung zu kämpfen. Die Angst vor Ausgrenzung ist für viele von ihnen eine enorme Belastung, das hat mir meine mehrjährige Tätigkeit als Pressemanagerin einer Klinikgruppe für Psychosomatische Medizin sehr deutlich gezeigt.

Wie soll man zum Beispiel erfüllte Beziehungen zu anderen Menschen in Form von Lebenspartnerschaften oder Freundschaften führen, wenn man sich selbst nicht liebt? Nicht selbst gut für sich sorgen kann? In Ängsten und Unsicherheiten gefangen ist? Noch nicht verstanden hat, dass Social Media und Selfie-Wahn die schmerzlich vermisste Aufmerksamkeit im Elternhaus und die Mutter- oder Vaterliebe nicht ersetzen können?

Wie kann man seine Kinder oder anvertraute Kinder (wenn man zum Beispiel den Lehrer- oder Erzieherberuf ergriffen hat) ein Stück weit gut ins Leben begleiten, wenn man selbst traumatisiert ist und sich selbst nie psychologisch reflektiert hat? Wenn ich mir anschaue, wie viel Geld und Energie in die Pflege des äußeren Scheins in Form von teurer Kosmetik, Schönheitsoperationen oder Botoxspritzen investiert wird und wie wenig in die Pflege der eigenen psychischen Gesundheit, dann ergibt sich für mich kein stimmiges Bild.

Meine Begegnungen mit den Dating-Kandidaten hatten mich sehr nachdenklich gestimmt. Ich zog daher weiter auf meiner Reise zur Erforschung der mentalen Gesundheit und beschloss, mehrere psychologische Expertinnen und Experten zum Grund der Popularität von Online-Dating und generell zum Stand der mentalen Gesundheit in unserer Bevölkerung zu interviewen. Mich interessierten dabei besonders die unterschiedlichen Sichtweisen und Interpretationen dieses Phänomens.

Prof. Dr. Franz Ruppert, Professor für Psychologie in München und Psychologischer Psychotherapeut, schreibt in seinem Buch »Wer bin Ich in einer traumatisierten Gesellschaft?« über die Folgen mangelnder Selbsterkenntnis:

Daher versuchen in einer Konkurrenzgesellschaft die Menschen möglichst intelligent und rational zu erscheinen. Sie überspielen die Defekte ihrer Psyche und verheimlichen ihre psychischen Fehlleistungen. [...] Solange fast alle dieses Versteckspiel mitmachen, funktioniert das auch nach dem Motto: »Wenn du mich davor verschonst, meine psychischen Defekte zu benennen, sage ich auch nicht, was ich bei dir wahrnehme.« Je mehr Machtbefugnisse zudem jemand besitzt, desto weniger getrauen sich die von ihm/ihr Abhängigen, das zu äußern, was für alle offensichtlich ist: Dieser Mensch hat einen schweren psychischen Schaden und bräuchte dringend eine Psychotherapie! (S. 46)

Ich wollte mich intensiver mit der von ihm entwickelten Identitätsorientierten Psychotraumatherapie (IoPT) beschäftigen und traf Prof. Ruppert in seiner Praxis in München.

Herr Prof. Ruppert, zieht Ihrer Meinung nach Online-Dating narzisstisch geprägte Menschen an?

Zunächst muss man sich klarmachen, was mit »Narzissmus« gemeint ist. »Narzissmus« ist in meiner Definition eine Trauma-Überlebensstrategie für das »Trauma der Identität«. Das heißt, Menschen, die keinen wirklichen Bezug mehr zu sich selbst haben, bauen sich stattdessen ein künstliches ›Ich‹ auf. Sie entwickeln ein ›Vorstellungs-Ich‹ von sich und wissen nicht wirklich, wer sie sind. Sie haben bestimmte Ideen im Hinblick darauf, wie sie meinen, sein zu müssen, damit sie in den Augen anderer jemand sind. Das heißt, diese Menschen meinen zum Beispiel, sie müssten großartig sein, dürften keine Fehler machen und müssten anderen überlegen sein. Ein sogenannter Narzisst hat dann die Illusion, in der Konkurrenz mit anderen immer überlegen zu sein, selbst wenn das gar nicht zutrifft. Daher kann man sich dann auch in Dating-Portalen nach Belieben als super und großartig darstellen. Das kann ja erst einmal keiner überprüfen, was stimmt und was nicht.

Woher kommt das alles?

Der Narzisst fühlt sich in Wahrheit überhaupt nicht groß, sondern eher klein, unsicher und er schämt sich für sein Dasein. Woher kommt das nun wiederum? Kein Mensch denkt sich das ja selbst aus, dass er ein Narzisst sein möchte. Nach meiner Überzeugung ist ein solcher Mensch von Anfang an von seinen Eltern nicht gewollt. Er sollte gar nicht da sein. Mutter und Vater wollten dieses Kind überhaupt nicht oder sie wollten zum Beispiel kein weiteres Kind mehr. Viele Kinder werden in soziale Verhältnisse hineingezeugt und geboren – ob das in reichen oder armen Familien stattfindet, ist egal –, die ihnen abweisend, unfreundlich und bedrohend gegenüberstehen. Es kommt nicht auf sie an, und wenn sie da sein wollen, müssen sie sich für andere, zunächst für ihre Eltern, dann für die Schule und später für das Wirtschaftsleben nützlich machen. Das ist dann ihre einzige Daseinsberechtigung, wenn sie für andere etwas leisten.

Viele traumatisierte Eltern, die als Kinder schon das Gleiche erleben mussten, sind nicht in der Lage, zum Wohl ihrer Kinder zu handeln. Sie stellen ihre eigenen Trauma-Überlebens-Interessen über die Bedürfnisse ihrer Kinder und missbrauchen ihre Kinder für ihre Überlebensstrategien. So werden unzählige Kinder zu Opfern ihrer traumatisierten Mutter und/oder ihres traumatisierten Vaters.

Mütter und Väter, die aufgrund ihrer eigenen Psychotraumata ihr eigenes Leben nicht auf die Reihe bekommen, klammern sich zum Beispiel dann an ihre Kinder und können sie nicht in Ruhe lassen. Sie stellen ihre eigenen Trauma-Überlebensstrategien dann als ›Sorge‹ und ›Hilfe‹ für ihre Kinder dar. In der Erziehung setzt sich nicht selten die Traumatisierung von Kindern durch ihre traumatisierten Eltern fort. Kinder werden insgesamt in einer traumatisierten Gesellschaft als Objekte von Belohnung und Bestrafung gesehen, an denen sich jeder ausprobieren kann, dem sie in die Finger geraten.

Als »Trauma der Identität« bezeichne ich, dass jemand die Erfahrung macht, dass er von seiner Mutter und/oder seinem Vater nicht gewollt war oder möglicherweise auch in den Augen seiner Eltern das falsche Geschlecht hat. Daraus ergeben sich für denjenigen/diejenige in der Regel zwei extreme Möglichkeiten: Entweder man geht in die Depression und sieht sich selbst durch die Augen der anderen und meint dann, nichts wert zu sein. Oder man geht in das andere Extrem des »Narzissmus« – dann ist man scheinbar wichtig, steht über allem und macht sich selbst und den anderen vor, dass man wichtig ist.

Warum ziehen nun das Internet generell und auch das Online-Dating Menschen an?

Viele Menschen können aus den genannten Gründen heute leider wenig mit sich selbst anfangen und haben wenig Selbstbezug. Viele haben keine eigenen Perspektiven oder Ziele im Leben, weil sie sich abhängig fühlen und einfach nur mitmachen, was ihnen vorgesetzt wird. Das hängt eben mit der oben beschriebenen Art und Weise zusammen, wie viele Menschen aufgewachsen sind: Sie werden von ihren Eltern nicht gesehen, wie sie wirklich sind.

Der Fokus der Menschen geht also nicht nach innen, nach dem Motto: »Ich weiß, wer ich bin, und ich weiß, was ich will«, sondern die Menschen befinden sich in Trauma-Überlebensprogrammen. Eines der Überlebensprogramme heißt »Ich möchte etwas erleben!« und »Es muss im Außen etwas passieren!«. Denn wenn ich mich nach innen wende, dann ist da nur Leere, weil ich mich durch die Gefühlsabstumpfung vor meinen traumatischen Erfahrungen schütze, sonst spüre ich meine Trauma-Gefühle – Todesängste, ohnmächtige Wut, unerträgliche Schmerzen, abgrundtiefe Einsamkeit –, mit denen ich nicht umgehen kann.

Die Menschen ›fühlen‹ sich also über das Erleben von außen, es muss ›Action‹ dabei sein. Sie möchten erkannt, geliebt und beachtet werden. Und dafür ist das Internet natürlich eine wunderbare Möglichkeit. Das erklärt unter anderem den Siegeszug der sogenannten Selfies und Social Media generell. Der Wunsch der Menschen nach Anerkennung und Liebe ist auch vollkommen normal. Das Internet kann aber eben diese nährende und sättigende Form von tatsächlicher liebevoller Zuwendung, die man als Kind von seiner Mutter und seinem Vater nicht bekommen hat, nicht ersetzen. Wer zum Beispiel früh in eine Kinderkrippe abgeschoben wird, denkt als Kind, mit ihm sei etwas nicht in Ordnung.

Man kann im Internet permanent etwas erleben, permanent mit Menschen kommunizieren und vermeintliche Beziehungen aufbauen. Das Internet ist somit für sehr viele Menschen ein Ersatz für den Bezug zu sich selbst geworden. Es hilft, von sich selbst weiter abzulenken und hauptsächlich zu schauen, ob im Außen etwas Interessantes stattfindet, denn im Inneren dieser Menschen ist oft sehr wenig oder gar nichts, wenn sie sich im Modus ihrer Trauma-Überlebensstrategien befinden.

Mir kam Online-Dating in weiten Teilen so vor, als würde man in einem Supermarkt einkaufen gehen. Es wird links und rechts in den Regalen geschaut, was es gibt, die Angebote werden verglichen und hinter jeder Ecke könnte noch ein besseres Angebot warten.

So ist es. Früher gab es den Tante-Emma-Laden und da waren eine Zahnpasta und eine Semmel im Angebot und die hat man gekauft. Und jetzt haben die Menschen das Gefühl, sie haben 100 verschiedene Zahnpasten und 30 verschiedene Sorten von Semmeln zur Auswahl. Die Menschen sind natürlich neugierig und denken »je mehr Möglichkeiten, desto besser« — aber man kann sich darin sehr verlieren.

Können Sie eine Aussage darüber treffen, wie konstant Beziehungen von Menschen, die sich online getroffen haben, langfristig sein werden?

Das ist schwierig zu sagen, denn auch die Beziehung, die auf einer Betriebsfeier ihren Anfang nimmt, kann länger oder kürzer dauern. Aber ich denke, es gibt einen gewissen Sättigungseffekt beim Online-Dating. Ähnlich wie bei sogenanntem Junkfood – das macht auf die Dauer auch nicht satt. Damit sich aber wirklich etwas in der partnerschaftlichen Suche und auch in Partnerschaften ändert, müssten ja die Ursachen verändert werden – eben die Beschäftigung mit den eigenen Traumata, sei es nun, dass man als Kind nicht gewollt war, nicht liebevoll behandelt worden ist und sich niemand wirklich für einen interessiert hat. Oder man ist ein ›Projekt‹ seiner Eltern, das mit einer künstlichen Befruchtung beginnt, sich in einer Kaiserschnittgeburt fortsetzt und mit einem Uni-Abschluss gekrönt werden soll.

Solange sich daran nichts ändert, wird es weiter den Bedarf an Suchtmitteln geben – und das Internet ist eines von vielen Suchtmitteln. Generell entsteht jede Form der Sucht aus Trauma. Und solange wir nicht wirklich Interesse daran haben, dass zum einen möglichst wenig neue Traumata entstehen beziehungsweise vorhandene Traumata aufgearbeitet werden, so lange wird sich nichts nachhaltig in einer Gesellschaft ändern. Irgendwann kommt irgendjemand mit einer neuen Ablenkungsmöglichkeit um die Ecke, wenn die alten Fluchtwege langweilig geworden sind.

Wenn wir generell unsere Bevölkerung betrachten, dann stelle ich mir seit längerer Zeit die Frage, ob mentale Gesund-

heit überhaupt gewollt ist? Über wie viele Milliarden Umsatz-
verlust sprechen wir, wenn die Bevölkerung sich generell in
einem gesünderen mentalen Zustand befinden würde – we-
niger Frustkäufe, Luxuskäufe, Konsumkredite, Suchtmittel,
Arztbesuche und Medikamente?

Das ist korrekt. Die Erlebnisindustrie und unser gesamtes
Wirtschaftssystem sind auch ein Suchtsystem. Das zeigt sich
bereits daran, dass unsere Wirtschaft immer weiterwachsen
soll. Wachstum ist eine Suchtidee. Es ist nie genug und man
muss immer mehr haben. Da geht es nicht um mehr Lebens-
qualität, sondern immer nur um noch mehr Geld.

Man kann sich nie zurücklehnen und denken: »Jetzt bin ich
satt, es genügt.« Nein, im nächsten Jahr muss der Umsatz wei-
ter gesteigert werden. Und wie kann ich den Umsatz steigern?
Indem ich permanent die Suchtbedürfnisse der Menschen för-
dere, ausnutze und neue Suchtbedürfnisse erzeuge.

Wir brauchen eine Bewusstseinsevolution für all diese Dinge,
vielleicht sogar eine Bewusstseinsrevolution. Die Menschen
müssen sich ihrer selbst mehr bewusstwerden und merken,
dass es ihr Innenleben ist, das das Außenleben bestimmt. Wenn
die Menschen ihr Innenleben nicht verändern, dann wird das
Außenleben weiterlaufen wie bisher. Und eines Tages merken
wir, dass wir alles kaputt gemacht haben, uns selbst sowie die-
sen wunderschönen Planeten.

Nach dem Gespräch mit Prof. Ruppert ging ich sehr nachdenklich in München an der Isar spazieren. Ich begann
zu verstehen, warum ich instinktiv gegen Online-Dating
und die sich dort tummelnden Männer seit Jahren meine
Vorbehalte hatte. Wenn man sich selbst mit seiner Her-

kunft, seiner Geschichte und den erlittenen Traumata beschäftigt hat, dann kann der partnerschaftliche Umgang mit Männern, die eine ernsthafte Reflexion ihrer selbst offensichtlich kategorisch ausschließen, nur bedingt bis gar nicht gelingen.

In einem Interview mit dem Magazin »Neon« (Ausgabe 12/2014) sagte der leider viel zu früh verstorbene Roger Willemsen über die Anbieter ›effizienten‹ Verkuppelns:

So ein Quatsch! Schon die Frage »Wähle ich oder lasse ich mich wählen?« stellt sich in der Ursituation der Liebe doch überhaupt nicht. Es geht um Spontanität, Flüchtigkeit, Ergriffenheit. Die Liebe entwickelt sich in einem vagen Raum, da haben bewusste Entscheidungen nichts zu suchen. Die Nutzer von Dating-Plattformen meinen im Grunde doch: »Erspare mir all die, die nicht in mein Raster passen.« So wird die Liebe synthetisch.

Auf die Frage, was er den Singles rate, antwortete er:

Zuallererst: Nicht nur auf den Bildschirm gucken. Man muss auf die Außenwelt reagieren können. Das geht nicht, wenn man permanent in ein Gerät glotzt. Und es braucht einen größeren Wagemut des Sprechens. Viele müssten nur ihre Sprache ändern. Zum Beispiel: Fragen stellen, die persönlich sind, die gezieltes Interesse am anderen zeigen. Man sollte keine Angst haben, Unsinn zu reden.«

Ich begab mich auf die Reise zu meinem nächsten Interviewpartner. Dr. Manfed Nelting ist Facharzt für Psychotherapeutische Medizin und Allgemeinmedizin. 2004 gründete er zusammen mit seiner Frau Elke die Gezeiten-Haus-Klinikgruppe mit verschiedenen Standorten in Deutschland. Er war und ist beteiligt an wissenschaftlichen Arbeiten und Veröffentlichungen zum Burnout-Syndrom, Depressionen, Lebenskrisen und Genforschung.

Herr Dr. Nelting, ist Online-Dating ein Tummelplatz für Narzissten?

Wenn ich Online-Dating betrachte, dann sehe ich vielfach darin eine große Enttäuschungsmaschinerie. Das ist eigentlich für ausgeprägte Narzissten ungeeignet. Es sei denn, sie wollen sich darstellen, suchen nach Bewunderung und können bei einem Treffen vielleicht andere Menschen abwerten, was Narzissten entlastet.

Der Begriff Narzissmus bezeichnet ein tendenzielles Einbahnstraßen-System. Also ein Mensch nimmt von anderen Menschen die Bewunderung, die er für sein eigenes Selbstwertgefühl braucht. Ein narzisstisch geprägter Mensch kann sich nicht gut in andere Menschen einfühlen und versteht nicht, dass der andere auch etwas haben möchte. Durch zum Beispiel eine emotionale Vernachlässigung muss ein Kind danach suchen, wie sein Selbstwert bestätigt werden kann. Das Kind probiert verschiedenes aus und erkennt, wenn es zum Beispiel besonders viel leistet oder gut aussieht und dafür bewundert wird, dann verschafft das dem Kind ein besseres Selbstwertgefühl. Das Kind lernt, etwas von anderen zu nehmen für seine eigene Regulation, was aber nicht lange anhält. Das heißt später, als Erwachsene, werden diese Menschen versuchen, ihre Einbahn-

straße permanent mit Verkehr zu füllen, und das verursacht schweres Leid bei den Gebenden. Bei dem anderen verursacht es jedoch auch Leiden, weil wie bei einer Sucht die Bewunderung stetig gesteigert werden muss. Es sind ganz schwierige Situationen und es kann zu starker Dominanz, in pathologischen Fällen auch zu Gewalt und Unterjochung kommen. Die narzisstische Persönlichkeitsstörung als solche ist jedoch nicht so häufig wie Narzissmus bei früher Traumatisierung oder Selbstwertstörung.

Wer nutzt dann Ihrer Meinung nach am ehesten Online-Dating?

Ich glaube, dass Menschen, die sich für Online-Dating interessieren, wohl – wenn sie Schwierigkeiten haben – eher Selbstwertproblematiken haben. Ich würde sagen, dass ein Mensch, der nicht übermäßig narzisstisch geprägt ist und einen guten Selbstwert hat, die direkte Begegnung sucht. Heute wird vielfach die Arbeit vorgeschoben, aufgrund derer man keine Zeit habe, Menschen kennenzulernen. Zum anderen würde man tagsüber nur ein eingeschränktes Umfeld an potentiellen Bekanntschaften treffen können und am Abend sei man aufgrund des Jobs zu müde, um noch etwas zu unternehmen. Online-Dating kommt da Menschen, die sich in direkten Begegnungen eher unsicher fühlen, möglicherweise entgegen. Ein Mensch, der in einer guten Gesundheit und Selbstreflexion ist, würde eher etwas weniger arbeiten und in der dadurch gewonnenen Freizeit etwas unternehmen, als Online-Dating zu betreiben.

Die Menschen haben sich über Jahrtausende analog, das heißt ohne das Internet, kennengelernt und in nur 15 Jahren scheint das für viele kaum noch ohne Internet zu gehen. Haben Sie dafür irgendeine Erklärung?

Online-Dating sieht zunächst einfacher aus als die direkte Begegnung. Und da man denkt, Algorithmen könnten den/die Passenden optimal herausfiltern, hat das durchaus etwas Verführerisches. Da bekomme ich eine Auswahl von verschiedenen potentiellen Partnern vorgestellt und kann auswählen. Das gibt mir eine gewisse Machtposition und ich kann die vermeintlich beste Möglichkeit auswählen. Das sind alles Gedanken, die einen verführen können, aber letztlich eine oberflächliche Schicht dieser Thematik sind. Denn es stimmt hinten und vorne nicht. Algorithmen können nicht ›den‹ oder ›die‹ besten Partner/-in finden, denn was eine Erfolgsstory zwischen zwei Menschen ausmacht, ist bis heute völlig ungeklärt. Das kann Passendes und Ähnliches sein, es kann aber auch das vollkommen Gegensätzliche sein, was zwei Menschen aneinander fasziniert und in einer erfüllten Beziehung leben lässt. Dass sich einige Menschen beim Online-Dating kennenlernen und auch eine gute Beziehung führen können, ist nicht in Abrede zu stellen. Für mich ist das jedoch eher ein ›Nebenprodukt‹, kein weit verbreitetes Phänomen. Es überwiegen die Enttäuschungen.

Normalerweise trifft man eine Person und nicht ganz viele. Man lernt jemanden kennen, findet den- oder diejenige toll und verliebt sich möglicherweise. Und diese Person stellt man grundsätzlich nicht mit anderen Personen in einen Vergleich. Man lotet das vielmehr für sich selbst in Ruhe aus und ist vielleicht in einer persönlichen Aufregung. Das ist ja das Schöne am Verliebtsein – das Gegenüber ist einfach wunderbar! Wenn das Miteinander aber nicht mit einem solchen Resonanzgefühl beginnt, sondern mit einem Vergleich, dann habe ich dieser Person im Grunde schon eine schwere Bürde aufgelastet. Denn diese Person, die muss jetzt genügen, wenn ich sie ausgewählt habe. Das macht eine Partnerwahl zu etwas, das es nicht ist. Eine online begonnene Beziehung wird davon begleitet, was am Anfang war – es könnte noch etwas Besseres auf dem Markt geben. Und wer tatsächlich aus Zeitnot Online-Dating nutzt, der hat zu wenig analoges Leben, als dass eine Beziehung klappen kann, denn eine Beziehung muss gepflegt werden. Und dafür braucht man genügend Raum und Zeit.

Würden Sie sagen, dass das Internet die Vereinsamung von Menschen fördert?

Wir beobachten generell eine Individualisierungs- und Vereinsamungstendenz in den letzten Jahren. Wir haben einen Rückgang aller Bindungen, sowohl in den Familien, bei Freunden, in der Religion oder der Nachbarschaft. Es geht hin zu einer Individualisierung, bei der man sich selbst optimieren muss, damit man in dieser Gesellschaft gesehen wird. Konsum wird als Verdienst dargestellt, man zeigt, was man hat und kann. Bei vielen Menschen ist mit dem Alleinsein die Einsamkeit verbunden, und das wird durch die Digitalisierung verstärkt. Generell sehen wir mittlerweile vielfach eine Online-Präferenz gegenüber einem analogen Leben. Die Stunden, die Menschen vor einem viereckigen Kasten sitzen, nimmt stetig zu; in den USA sind es bei den 8- bis 18-Jährigen bereits sieben Stunden täglich. Online-Dating und Social Media gehören zu diesem ›Kasten‹-Sitzen.

Die Aufforderung zur Selbstoptimierung bis hin zur Schaffung verschiedener Identitäten in virtuellen Welten führt dazu, dass die Realität sich von der virtuellen Welt immer weiter entfernt. Denn im Sitzen wird man schlaff, dicker und behäbiger. Und somit hat das, was viele in der virtuellen Welt über sich schreiben, oder Bilder, die sie zeigen, mit der Realität nicht mehr viel zu tun. In der Fehlnutzung der Medien werde ich zwangsläufig unattraktiver oder ein zwanghafter Optimierer, der zusammenbricht, wenn er einen Pickel bekommt. Online-Dating ist eine Art von Verheißung, die schneller kommt als das Paradies, aber die Verheißung erfüllt sich nicht.

Wie schätzen Sie generell den mentalen Gesundheitszustand der Bevölkerung ein?

Wenn ich diese Frage im Hinblick auf die Kinder in Deutschland betrachte, dann kann man sagen, dass es rund der Hälfte dieser Kinder gut geht, der anderen Hälfte nicht so gut. Wenn das eine angeblich aufgeklärte und hochentwickelte Gesellschaft als Analyse zulassen muss, dann ist das eine in vielen Aspekten eher nicht hochentwickelte Gesellschaft. Da sind andere Gesellschaften teilweise weiterentwickelt – emotional und auch was die Sicherheit des Überlebens in Beziehungsnetzen angeht.

Rund ein Drittel der Kinder sind resilient. Wenn die irgendjemanden haben, der sie in irgendeiner Form würdigt und unterstützt, dann genügt das diesen Kindern, um eine innere Sicherheit entwickeln zu können. Die können auch schwierige Zustände so umdeuten, dass sie zunächst noch ausreichend gut für sie sind. Die sind weniger im Mangel verortet und haben dadurch in schwierigen Lebenssituationen Überlebens-

vorteile. Die Traumatisierungen sind nicht so durchgreifend, weil sie von ihrem genetischen Muster Stress-Gene haben, die eher höhere Schwellen zeigen. Diese Kinder schaffen es auch in schwierigen Situationen, irgendwie durchzukommen, und das noch mit Charme. Diese Gruppe wird Online-Dating zum Beispiel nur begrenzt aufregend finden, denn die analoge Welt, das Haptische, die reale Begegnung mit Menschen, ist viel interessanter. Solche Menschen sind auch weniger suchtgefährdet und geraten seltener in einen Burnout. Und die Welt braucht solche Menschen.

Ein anderer Teil der Kinder sind empfindliche Kinder und ganz leicht zu traumatisieren. Aber wenn sie gehegt und gepflegt werden, dann sind die kreativer und großartiger als alle anderen. Doch sie sind leider in der rauen Welt oft verloren, daher geht es vielen von diesen Kindern und später als Erwachsene oft schlecht und sie sind zum Beispiel viel eher burnout- oder suchtgefährdet.

Ist die Generation der Kriegsenkel beziehungsunfähig?

In den letzten Jahren haben sich immer mehr die Hinweise verdichtet, dass Traumata sich epigenetisch bei Kindern vererben, die nach dem Krieg geboren wurden. Viele Väter sind nicht zurückgekommen, viele sind traumatisiert oder depressiv erkrankt zurückgekommen. Die Überlebenden mussten aber aufgrund des damals noch sehr vorherrschenden Rollenmodells funktionieren und arbeiten.

Nach dem Krieg sind also sehr viele Kinder ohne Väter aufgewachsen, wie gesagt: Sie waren entweder nicht da, traumatisiert oder haben wie verrückt gearbeitet, da sie die Familie ernähren mussten. Da die Männer nicht da waren, war es logisch, dass die Frauen und Kinder enger zusammenrückten. Und natürlich waren auch Frauen traumatisiert, daher rührt das emotionslose Aufwachsen vieler Kriegskinder und Kriegsenkel. Dennoch war die Bindung der Kinder an die Mutter enger, es gab keine Übungsmöglichkeit der Bindung an den Vater.

Für Jungen der Kriegsenkel-Generation hat das eine besondere Bedeutung, denn die Verbindung von Müttern zu ihren Söhnen ist in der Regel eine stark festhaltende gewesen. Der Ehemann war verloren, da sollte wenigstens der Sohn bleiben. Das heißt, dass Mütter ihre Söhne nicht frei gegeben haben und die Söhne der Mütter nicht an die Seite ihrer Frauen/Freundinnen treten konnten. Die Frauen haben Söhne ihrer Mütter geheiratet und keine freien Männer. Die Frau kann dieses Thema nie alleine lösen. Der Mann müsste sagen: »Mutter, danke, dass du mich geboren hast, aber jetzt habe ich eine Frau/Lebensgefährtin.« Das wird aber so gut wie nie gewagt und bringt häufig Probleme in Beziehungen.

Viele unserer halbstarken Politiker und Firmenlenker sind unreife Männer – Söhne, die sozusagen immer noch pubertär bei ihrer Mutter sind. Das ist ein großes Dilemma, über das kaum gesprochen wird. Dadurch können sie nicht wirklich an die Seite ihrer Frauen treten. Wir haben all diese Thematiken und jetzt seit siebzig Jahren keinen Krieg in Westeuropa. Und wir arbeiten uns erst jetzt so ganz langsam aus der Thematik heraus und sehen, wie wichtig es ist, keinen Krieg zu haben. Wie müssen wir agieren, damit es keine Kriege mehr gibt? Keine neuen Traumatisierungen?

Ein Blick auf die Geschichte zeigt, dass wir es selten schaffen, länger als vier bis fünf Generationen keinen Krieg zu

haben. Leider haben die meisten innerhalb von zwei bis drei
Generationen wieder Krieg erlebt. Und dann fing alles wieder
von vorne an. Wir müssen das Friedensprojekt jetzt also wei-
terführen, indem wir alle Selbsthass und Aggression in uns
überwinden und so als Einzelne zu neuer Kraft für Gestaltung
und gesellschaftlich zu einem neuen friedfertigeren Narrativ
kommen.

Wenn ich mit diesem Wissen meine eigene Biografie betrachte, dann scheine ich zu dem Drittel der resilienten
Kinder (und später Erwachsenen) zu gehören. Ich erinnere mich an eine Erzieherin im Kinderhort, den ich während meiner Grundschulzeit nachmittags besucht habe.
Diese Frau – selbst kinderlos – hatte mit großem Engage-
ment und Herzlichkeit einen schönen Ort für Kinder geschaffen. Wir spielten zusammen, machten Exkursionen
durch das Siebengebirge, lernten Stelzenlaufen und viele
andere abenteuerliche Dinge. Wie in einer großen Familie. Das waren Stunden nur für mich und ich konnte mich
etwas von der anstrengenden familiären Situation erholen. Eine andere wichtige Rolle in meinem Leben spielte
die Musik. Ich wollte unbedingt das Klavierspiel erler-
nen, aber meine Eltern waren dafür nicht zu begeistern.
Ich bekam Blockflötenunterricht (immerhin) und trat
mit sechs Jahren in einen Kinder- und Jugendchor ein, in
dem ich 16 Jahre lang sang. Der Chor hatte ein sehr hohes
Niveau, wir gewannen mehrere nationale und internatio-
nale Wettbewerbe. Neben der musikalischen Erziehung
waren die vielen internationalen Konzertreisen für mich
ein Highlight. Ich lernte so sehr früh vieles über andere
Kulturen und Länder. Meine bis heute vorhandene Reise-

leidenschaft und mein interkulturelles Interesse kommen mit Sicherheit aus dieser Zeit.

Dass diese für mich so unendlich große Quelle der Freude, das Singen und die Musik, mir gleichzeitig einen der bittersten Momente meines Lebens bescherte, den Missbrauch durch den Chorleiter als Jugendliche, ist eine weitere Herausforderung meines Lebens gewesen. Meine offensichtlich gut ausgebildeten Stress-Gene und psychologische Aufarbeitung haben mir geholfen, auch mit diesem Erlebnis umzugehen und heute das Leben wunderbar genießen zu können.

Ich traf Dr. Marie-France Hirigoyen in Paris. Sie studierte Medizin und Viktimologie in den USA und Frankreich und praktiziert als Psychoanalytikerin in Paris. Als Autorin befasst sie sich unter anderem mit seelischer Gewalt im Allgemeinen, Psychoterror sowie emotionalem Missbrauch im Besonderen. Von ihrem Buch »Le harcèlement moral« (erschienen in Deutschland unter dem Titel »Die Masken der Niedertracht«) wurden alleine in Frankreich über 400000 Exemplare verkauft und es wurde in mehr als 20 Sprachen übersetzt.

Dr. Hirigoyen, können wir offline keine Partner mehr finden?

Ich denke, unsere Gesellschaft trägt mehr und mehr zur Vereinsamung der Menschen bei. Jüngere Menschen treffen einander zum Beispiel während des Studiums oder in der Ausbildung. Aber wenn sie älter und berufstätig sind, dann tun sich viele Menschen schwerer, Bekanntschaften zu schließen. In Unter-

nehmen muss man dazu heute vorsichtig sein, um nicht in den Verdacht der sexuellen Belästigung zu geraten. *Hier in Paris zum Beispiel fühlen sich mehr und mehr Menschen einsam. Abgesehen von der Familie und alten Freunden tun sie sich schwer, neue Menschen kennenzulernen.*

Wie haben die Menschen das früher, im analogen Leben, geschafft?

Ich arbeite seit sehr vielen Jahren als Psychologin und Psychotherapeutin und ich habe den Eindruck, die Dinge werden schlimmer. Früher lernten sich die Menschen über Hobbys oder zum Beispiel Tanzveranstaltungen kennen. Sie gingen häufiger aus. Heute haben die Menschen ihren Job und kommen eher spät nach Hause, zumindest in Städten wie Paris. Es wird viel gearbeitet. Wenn man ausgeht, dann mit der Familie oder alten Freunden. Und leider macht das Internet diese Dinge nicht besser. Die Menschen hängen permanent an ihren Handys und texten sich unbedeutende Dinge zu. Für viele Menschen ist die Organisation ihres Lebens kompliziert geworden. Ich habe viele Patienten und Patientinnen, die mir dies berichten.

Zieht Online-Dating narzisstisch geprägte Menschen an?

Nicht nur narzisstisch geprägte Menschen, nein. Wir alle werden immer narzisstischer, unsere Gesellschaft wird mehr und mehr narzisstisch. Wenn man heute zum Beispiel einen guten Job oder Partner finden möchte, dann muss man das Beste von sich zeigen beziehungsweise sich bestmöglich darstellen. Man muss der/die Beste sein. Man muss sich optimieren, weil die Konkurrenz so groß ist.

Ich denke, für Männer ist die Welt heute wirklich kompliziert. Für eine sehr lange Zeit waren die Männer der Boss der Familie, sie hatten die Macht sowohl in der Familie als auch in Unternehmen. Heute arbeiten viele Frauen und haben eine sehr gute Ausbildung. Sie würden sehr gerne auch das Gleiche verdienen wie Männer und kämpfen für ihre Gleichberechtigung. Viele Männer fühlen sich sehr verunsichert und sind häufig eingeschüchtert. Männer, die in meine Praxis kommen, sind oft sehr selbstunsicher. Sie glauben, nicht gut genug zu performen und den diversen Ansprüchen nicht genügen zu können. Das war früher anders. Noch vor zehn oder 15 Jahren kamen sehr wenige Männer in meine Praxis. Ganz anders heute. Heutzutage fühlen Männer sich verloren, und das liegt an unserer Gesellschaft. Der Druck, an allen Fronten erfolgreich zu sein, ist einfach enorm. Männer haben heute oftmals Angst vor Frauen, besonders vor erfolgreichen und selbstbewussten Frauen. Sie denken, sie müssten immer mehr machen, um Frauen überhaupt noch zu beeindrucken.

Die Gründe, warum zum Beispiel Männer Online-Dating betreiben, sind vielfältig. Ein Beispiel: Ein Mann ist noch verheiratet und es ist kompliziert zu Hause. Er fragt sich, ob er seine Frau verlassen soll oder nicht oder ob möglicherweise seine Frau die Koffer packt. Online-Dating bietet da zum Beispiel eine Möglichkeit, sich schon einmal ›diskret‹ umzuschauen und den ›Markt‹ bezüglich potentieller Nachfolgerinnen zu sondieren. Wenn es dann zu Hause zum großen Knall kommt – egal, wer sich von wem trennt –, dann hat der Mann bereits eine neue Frau ausgesucht. Männer möchten nicht alleine sein. Frauen können das sehr viel besser, viele genießen es, alleine zu leben.

Ich denke, unsere Welt heutzutage ist nicht einfach. Nach dem Krieg begann die Phase des Wiederaufbaus und die Menschen haben viel gearbeitet. Durch Fleiß konnte sehr viel erreicht werden. Das ist heute völlig anders. Selbst wenn man ein(e) sehr guter Student oder Studentin ist, heißt das noch lange nicht, dass man einen guten Job finden wird. Hat man einen Job, haben viele Sorge, diesen Job wieder zu verlieren. In Beziehungen ist vieles unsicher. Alles ändert sich sehr schnell und die Menschen müssen sich permanent an neue Situationen anpassen. Haben sie das gerade an bestimmte Situationen getan, kommt schon die nächste neue Herausforderung um die Ecke. Und die Mentalität vieler Menschen hat sich im Vergleich zu früher sehr geändert. Es ist nicht mehr so sehr von Bedeutung, was du tust, sondern was du zeigst. Viele Menschen sind einfach nicht mehr sie selbst, sondern spielen die Rollen, von denen sie annehmen, dass andere sie von ihnen erwarten.

Welche Geschichten hören Sie über Online-Dating?

Sehr viele, leider selten gute. Eine sehr erfolgreiche, charmante und kluge Frau erzählte mir von einem Mann, den sie online kennengelernt hatte. Er war ein erfolgreicher Geschäftsmann und attraktiv. Es war im Grunde zu schön, um wahr zu sein. Er lud sie zu einem gemeinsamen Wochenende am Meer ein. Es waren ein paar wunderbare Tage, sie verbrachten eine romantische Zeit miteinander. Er sagte ihr, was für eine tolle Frau sie sei, die Nächte waren aufregend und sie hatten viele Themen, über die sie sich gemeinsam unterhalten konnten. Wirklich zu schön, um wahr zu sein. Nach diesem Wochenende hat die Frau nie wieder etwas von diesem Mann gehört, er antwortete auf keine ihrer Nachrichten oder gab ihr eine Erklärung für sein Verhalten. Sie war sehr irritiert und geknickt, sie mochte ihn wirklich sehr. Sie fragte sich, was sie falsch gemacht hatte. Als wir das in Ruhe angeschaut haben, stellten wir fest, dass sie ihm offensichtlich intellektuell überlegen war, zumindest schien der Mann das so zu empfinden, da sie in einer höheren beruflichen Position war als er. Diese Erfahrung hat sie anschließend leider noch öfter gemacht. Sie fragte sich, ob sie sich »weniger smart« stellen sollte, wenn sie einen neuen Mann kennenlernt. So weit ist es gekommen. Männer sind meiner Meinung nach viel selbstunsicherer als Frauen. Frauen trauen sich einfach auch einmal an neue Dinge heran. Männer gehen in Deckung, weil sie glauben, nicht zu genügen, und verlieren dadurch gegenüber Frauen die Authentizität.

Bei Männern, die um die 60 Jahre oder älter sind, mache ich die Beobachtung, dass sie auf Online-Dating-Webseiten nach jüngeren Frauen suchen, die gut aussehen und mit denen sie ihren Lebensabend in angenehmer Weise verbringen können. Das berichten mir diese Männer selbst. Sie haben unter Umständen gut Geld verdient und können sich einen sehr guten Lebensstandard leisten. Davon profitieren die neuen Partnerinnen. Es gibt jedoch zwei wichtige Punkte: Diese Männer wünschen keine ›anstrengenden‹ Diskussionen mit den Frauen (die hatten sie ihrer Meinung nach schließlich bereits mit ihren ehemaligen Ehefrauen) und die neue Frau sollte bereit sein, die Pflege des Mannes zu übernehmen, wenn er älter wird.

Ist das der Weg? Dass eine Frau das Gefühl hat, sich ›weniger smart‹ zeigen zu müssen, wenn sie einen neuen Mann kennenlernt? Von einer gelebten Gleichberechtigung bei Männern und Frauen sind wir in vielen Bereichen weiterhin sehr weit entfernt. Die Einkommensliste für Sportlerinnen und Sportler des US-Magazins »Forbes« aus dem Jahr 2018 zeigt, dass unter den Athletinnen und Athleten massive Unterschiede bestehen: Nicht eine einzige Sportlerin schaffte es im Jahr 2018 in der Forbes-Liste unter die Top 100. Lediglich eine Frau, Walmart-Erbin Alice Walton, findet sich im Jahr 2018 unter den 20 reichsten Menschen der Welt (Quelle: »Forbes«, März 2018). Ich könnte diese Liste endlos erweitern. Lediglich 1,2 Prozent der deutschen CEOs sind Frauen, 95 Prozent der CEOs der größten börsennotierten Unternehmen der Welt sind Männer (Quelle: »manager magazin« 12/2018). Neben 15,1 Prozent Gründerinnen stehen in Deutschland 84,9 Prozent Gründer, weniger Geld bekommen die Damen auch. Durchschnittlich 3,4 Millionen Euro hätten sie bisher eingesammelt, gaben die in einer Studie befragten Gründer an. Bei den Gründerinnen sind es nur 200.000 Euro. (Quelle: Bundesverband Deutsche Startups e. V., »Female Founders Monitor« 2018). Und so weiter und so fort, ich weiß, es ist langweilig, das sind alles keine neuen Erkenntnisse.

Liegt es auch am männlichen Narzissmus, dass den Frauen bedeutende berufliche Positionen verwehrt werden und die Herren lieber ›unter sich‹ bleiben? Narzissmus kommt häufiger bei Männern als bei Frauen vor und narzisstische Persönlichkeitszüge begünstigen die berufliche Karriere. Ein bedauernswerter Zustand. Wenn die Persönlichkeitsprofile von männlichen Börsenprofis mit denen von kriminellen Psychopathen verblüffende Parallelen aufweisen, dann darf man nachdenklich werden. Tatsächlich sind verschiedene Persönlichkeitseigenschaften bei Führungspersönlichkeiten und großen Verbrechern in ähnlicher Weise zu finden: Oberflächlicher Charme, übersteigertes Selbstwertgefühl, manipulative Fähigkeiten, fehlende Empathie, Selbstüberschätzung, suchtartiges Arbeitsverhalten, oberflächliche Gefühle und geringe Bindungsfähigkeit können eine Karriere in Wirtschaftsunternehmen zunächst begünstigen (vgl. Reinhard Haller »Die Narzissmusfalle« 2013, S. 149 ff.).

Wir können momentan bestenfalls von zarten ersten Knospen der Gleichberechtigung sprechen. Aber selbst in diesem frühen Stadium sind viele Männer im Umgang mit Frauen augenscheinlich bereits aus der Fassung geraten. Es gibt so viele tolle, kluge, energievolle und empathische Frauen, und viele von ihnen haben noch nicht einmal ansatzweise damit begonnen, ihre wunderbare eigene Kraft und all ihre Möglichkeiten zu entdecken. Und vor diesen Frauen braucht ihr doch keine Angst zu haben, liebe Männer. Wir mögen euch doch – so grundsätzlich betrachtet – auch.

Und was sagt nun die Astrologie zu den Irrungen und Wirrungen des menschlichen Zueinanderfindens? Ich traf den Astrologen Klaus Zepp in München. Er zählt zu Deutschlands führenden Wirtschaftsastrologen und ist seit über 30 Jahren in eigener Praxis tätig.

Herr Zepp, welche Rolle spielt das Thema Partnerschaft in Ihrer astrologischen Beratungspraxis?

Es ist neben den Themen Beruf, Finanzen und Gesundheit das zentrale Thema. Zum Astrologen geht man zu 90 Prozent in einer Krisensituation. Dafür kommen Zuspitzungen in jedem nur möglichen Lebensbereich in Frage. In diesem hier disku-tierten Themenbereich der Partnerschaft habe ich im Laufe der Jahrzehnte meiner Beratungspraxis festgestellt, dass die subjektiven Erwartungshaltungen zwischen Partnern häufig darauf fixiert sind, dass vom anderen erwartet wird und er dafür verantwortlich gemacht wird, dass ich glücklich bin. Bin ich es nicht, ist der andere an meinem Unglück schuld.

Welche Themen spielen außerdem eine Rolle?

Ein wesentliches Element in der Bedürfnis- beziehungsweise Anspruchspalette an den Partner ist die Erwartung, dass der Partner den sicheren Fixpunkt in den zahlreichen möglichen Wechselfällen des Lebens bieten soll, insbesondere auch eine wirtschaftliche Absicherung. Nach dem Motto: Gemeinsam sind wir stark.

In den zwölf Dates ging es ja zunächst einmal um das erste Kennenlernen. Wie schätzen Sie solche Dates aus astrologi-scher Sicht ein?

Kommunikation ist natürlich das Bindeglied zur Überwindung der Distanz von einem zum anderen. Sie entscheidet, ob diese Lücke zwischen mir und dem anderen, zwischen mir und der Welt, überbrückt werden kann. An diesem Punkt scheiden sich oft die Geister, da das Gespräch und der Austausch über Erleb-tes, Gefühltes und Gedachtes für Frauen offensichtlich einen viel größeren Stellenwert hat als für Männer.

Zunächst kommuniziert jeder, auch der, welcher nichts sagt. Bilder sagen oft mehr als tausend Worte und spielen ja auf den Dating-Portalen eine große Rolle. Im Chat hingegen verliert der Mann schon oft dadurch eine potentielle Partnerin, weil er häufig zu knapp und sachlich schreibt oder spricht beziehungsweise zu ungeduldig zum Punkt kommt.

Wie sieht es denn Ihrer Einschätzung nach mit der emotionalen Komponente aus?

Emotion ist ja das, was immer wieder von Frauen als Schwachpunkt beim männlichen Geschlecht empfunden wird. Heute ist viel von Emotionaler Intelligenz die Rede, weil man erkannt hat, dass das lineare, logische Vernunftdenken zwar auf wissenschaftlich-technischem Gebiet seine Früchte trägt. Zugleich aber finden wir im Schlepptau von Wissenschaft und Technik auch sehr toxische Früchte und Nebenwirkungen, die, beispielsweise in Form des Klimawandels, unsere Existenz und Zukunft auf der Erde bedrohen. Im Übrigen spielt in der indischen Astrologie, die ich ebenfalls studiert habe, das Emotionale auch hinsichtlich der geistigen Kapazität eines Menschen eine sehr bedeutende Rolle. Man sollte nicht vergessen, dass man zwar mit dem Verstand funktionale Aspekte und Technik entwickeln kann – aber die Frage nach dem Woher und Wohin des Lebens und nach dem, was die Welt im Innersten zusammenhält, ist unter Ausschluss Emotionaler Intelligenz nicht zu beantworten. Nur das Herz kann Dinge begreifen, die sich dem Intellekt entziehen. Im Übrigen ist die Bedeutung der Verankerung des Gedächtnisses im Emotionalen durch die Hirnforschung längst nachgewiesen.

Wie würden Sie das Gesagte nun in Relation zur Astrologie setzen?

Im Gegensatz zur Wissenschaft basiert die Astrologie nicht auf einem kausalen Denken, also nicht auf einem Denken von Ursache und Wirkung, sondern auf analogem Denken. Was am Himmel beispielsweise der Mond ist, entspricht in der menschlichen Sphäre der Emotion, die ebenso wandelbar wie die Mondposition am Himmel ist. Innerhalb eines Monats durchwandert der Mond alle zwölf Sternzeichen auf seiner Bahn um die Erde, die sich mit ihm als Trabant um die Sonne dreht. Je nach Mondposition im Zeitpunkt der Geburt wird der Betreffende diese oder jene charakteristischen Eigenschaften haben. Ein Mensch mit Mond im Widder lebt beispielsweise sehr nach dem Motto »Allein gegen alle«, während im Gegenzeichen zum Widder, wenn der Mond also in der Waage steht, das Motto gilt »Lasst mich nicht allein«. Entsprechend gefärbt wird sich der- oder diejenige gemäß ihrer Mondprägung auch mehr oder weniger partnerschaftlich verhalten. Das Wissen um diese Zusammenhänge erlaubt eine sehr präzise Beschreibung des Charakters eines Menschen und wie mehr oder weniger gut er sich mit einer potentiellen Partnerin oder Partner komplementär ergänzen oder eher verstärkt im Konflikt leben wird. Im Horoskop des Mannes zeigt sich in seiner Mondstellung, welche Grundeigenschaften er von einer Frau erwartet, während im Horoskop einer Frau die Mondstellung anzeigt, wie ihre eigene Emotionalität gelagert ist und wie ihre Kindheitsprägung ist.

Welche Sternzeichen passen denn eigentlich am besten zu-
sammen?

Von dieser Schubladen-Frage möchte ich mich ungern verfüh-
ren lassen, auch wenn die Versuchung groß ist, so einfache,
aber oberflächliche Antworten anzubieten. Grundsätzlich hat
ja jeder alle zwölf Sternzeichen in seinem Horoskop – man
könnte also salopp formuliert sagen: Irgendwo sind wir alle
ein bisschen skorpionisch durchtrieben, widdrig ungeduldig,
zwillingshaft zerrissen oder löwemäßig im Ego gefangen. Ent-
scheidend ist ja, dass wir dieses kostbare Wissen nicht dazu
benutzen, um die Menschen voneinander zu trennen, sondern
um sie in ihrem So-Sein begreifbar zu machen. Astrologie zu
lernen ist gleichbedeutend mit: die Sprache der Seele zu lernen.
Und im Innersten will jeder von uns zunächst gehört werden
und am liebsten auch noch verstanden sein. Daher kann dieses
Wissen, welches sich am besten in der griechischen Mythologie
erwerben lässt, auch über die Jahrhunderte hinweg seine Funk-
tion erfüllen und die Abenteuer, Komödien und Tragödien, die
das Leben für unsere Seelenentwicklung bereithält, in Worte
fassen, dadurch begreiflich werden und dem Fragenden die
Chance einer Krisenbewältigung eröffnen.

Muss das Internet weg? Nein, natürlich nicht. Das Internet und die Digitalisierung bieten viele wunderbare Möglichkeiten des Fortschritts für unser aller Leben. Ich bin
jedoch davon überzeugt, dass das Internet in gewissen
Bereichen des Lebens wenig bis gar nichts zu suchen hat,
zum Beispiel bei der Partnerschaftssuche. Zumindest
sollte es dort sehr vorsichtig und dosiert eingesetzt werden. Wir sollten die Künstliche Intelligenz mit Vorsicht

genießen, mehr zum analogen Leben zurückkehren und darauf vertrauen, dass unsere Instinkte uns richtig leiten und für unser aller Zusammenleben unabdingbar sind. Dafür müssen wir uns selbst jedoch auf gesunde Art und Weise sicher sein und auf uns selbst vertrauen. Hören, sehen, riechen – all das macht doch die persönlichen Begegnungen mit Menschen so wunderbar und einzigartig. Viele Menschen haben Teile des analogen Lebens bereits verlernt, sie wissen gar nicht mehr, wie man zum Beispiel flirtet. Sie gehen nicht alleine abends zum Beispiel in ein kleines Restaurant, um etwas zu essen oder zu trinken (man könnte ja Leute kennenlernen), sondern sitzen lieber zu Hause vor einem viereckigen Kasten und tauschen Nachrichten mit Menschen aus, die sie oft noch nie offline gesehen haben (und oft auch niemals sehen werden). Und ja, liebe Männer, ihr dürft weiter Komplimente verteilen, das stellt in meinen Augen keine sexuelle Belästigung dar. Vor kurzem stand ich an einer Ampel und auf einmal trat ein Mann neben mich und sagte: »Ich muss Ihnen einfach sagen, dass Sie in diesem Kleid wirklich toll aussehen – und das ist jetzt für Sie hoffentlich kein #metoo.« Nein, das war es nicht. Es war einfach ein schönes Kompliment. Ich habe mich darüber gefreut und mich herzlich bei dem mutigen Mann bedankt.

Einer der intelligentesten Menschen, der auf diesem Planeten zu Gast war, Stephan Hawking, sah in unser aller Verhalten die größte Gefahr, größer als die durch drohende Umweltkatastrophen. Er bezeichnete gegenüber der britischen Internet-Zeitung »The Independent« die Aggression als »den größten Fehler der Menschheit«, der uns alle zu vernichten droht. Hawking regte an, mehr Empathie zuzulassen, denn sie bringe die Menschheit in einen ruhigen und friedlichen Zustand.

»Gehen wir voller Mitgefühl auf andere zu, setzen wir der Einsamkeit ein Ende« – so spricht der Dalai-Lama. Und dieses Aufeinanderzugehen, um sich und einander kennenzulernen, das sollten wir selbst übernehmen, im analogen Leben. Wir haben das über Jahrhunderte recht gut hinbekommen, ganz ohne Maschinen, Internet und Künstliche Intelligenz.

Literaturverzeichnis:

Bode, Sabine: Kriegsenkel – Die Erben der vergessenen Generation, Klett-Cotta, Stuttgart 2012

Haller, Reinhard: Die Narzismussmusfalle, Ecowin, Salzburg 2013

Hirigoyen, Marie-France: Die Masken der Niedertracht, dtv, München 2018

Miller, Alice: Das Drama des begabten Kindes und die Suche nach dem wahren Selbst, Suhrkamp Verlag, Frankfurt 1983

Nelting, Manfred: Burn-out – Wenn die Maske zerbricht, Goldmann Verlag, München 2010

Ruppert, Franz: Wer bin ich In einer traumatisierten Gesellschaft?, Klett-Cotta, Stuttgart 2018

Danksagung

Dieses Buch wäre ohne die uneingeschränkte Unterstützung einiger wunderbarer Menschen nicht möglich gewesen.

Ich bedanke mich bei Dr. Marie-France Hirigoyen für die wertvollen Konversationen, die wir in Paris geführt haben. Du bringst die Dinge klar und direkt auf den Punkt und gehst seit vielen Jahren unbeirrt deinen Weg. Bravo!

Dr. Manfred Nelting danke ich für unsere ebenso intensiven wie lehrreichen Gespräche in Bonn. Wer sich näher über die von ihm gegründete Gezeiten Haus Klinik Gruppe informieren möchte, kann dies auf der Homepage www.gezeitenhaus.de tun.

Prof. Franz Ruppert hatte trotz seines vollen Terminkalenders immer ein Ohr für mich und ich bedanke mich für den interessanten fachlichen Austausch und die wertvollen Erkenntnisse, die ich über die Identitätsorientierte Psychotraumatherapie gewinnen durfte. Wer sich näher über die Arbeit von Prof. Ruppert informieren möchte, kann dies auf der Homepage www.franz-ruppert.de tun.

Klaus Zepp danke ich für viele spannende astrologische Erkenntnisse und für seine Unterstützung bei der Entstehung dieses Buches. Wer an einer astrologischen Beratung interessiert ist, kann sich auf der Homepage www.klauszepp.de darüber informieren.

Alexandra, Axel und Tobias danke ich für mehr als 35 Jahre Freundschaft.

Markus ist seit über 20 Jahren wie ein Bruder für mich da. Dafür danke ich ihm von Herzen.